すべてのビジネスパーソンのための

負けない交渉術 6つのルール

向井 一男

同文舘出版

まえがき

ビジネスでもプライベートでも、私たちのまわりには数多くの交渉の機会があります。たとえば、家族の中や近所付き合いなどでも、対立や利害の調整を対話で解決しなければならないことが日常的に起こっています。

ビジネスであれば、部署内でのメンバーへの仕事の依頼、他部署との協力、会議、お客様との価格・品質・納期についての打ち合わせ、さらに経営戦略におけるＴＯＢや戦略的業務提携などの大舞台での交渉まで、緊急性や重要性もさまざまです。

さらに最近では、世界経済の急激な変化に対応すべくグローバル化が加速し、異文化間交渉の機会が激増しています。日本人同士であれば、ある程度の価値判断基準が共有できる状態での交渉になります。しかし、異文化間交渉という、まったく価値判断基準が異なる相手との交渉においては、これまでの日本的交渉（信頼関係に依存）はまったく通用しません。

私たちは日々、業種や職種、階層にかかわらず、ビジネスでもプライベートでも常に何らかの交渉の場に立たされているのです。

あなたはこれまで、交渉事で損をしたとか負けた、と感じたことはないでしょうか。あるいは、交渉の結果に対して、「こんなはずではなかった！」と感じたことはないでしょうか。

交渉とは、「対立を解消し、利害を調整して合意を形成すること」です。そして、最も重要なことは、交渉者双方が満足のいく結果（双方最適、あるいは全体最適）であることが絶対条件なのです。交渉は、〝勝ち負け〟を争うものではないのです。

ところが、多くの人や組織は、交渉は相手に要求を受け入れさせるための「駆け引き」だと思っています。そして、勝つための説得や駆け引きに心血を注いでいるのです。

では、どのような人や組織が交渉に勝っているのでしょうか？　多くの場合、パワーバランス（力関係）といった要素によって、勝ち負けが決まっているようです。

私は、パワーバランスが交渉に大きな影響力を持つことを否定しません。しかし、この種の交渉は、交渉をはじめる前に勝ち負けが決まっていて、交渉というよりむしろ、〝強引な説得による強要〟と言えるでしょう。

本来、交渉とは対立や利害の調整を、対話によって解決していくという社会的行動なのです。そして、何よりも公平性が担保されていなければなりません。

交渉は、力ずくや脅しではなく、交渉当事者同士が協働して問題解決を行なうプロセスなのです。正しい交渉の理論と技術を学べば、「弱い立場の人や組織」でも、相手に十分に要求を受け入れてもらうことができるのです。

交渉とは、勝つか負けるかではなく、よりよい人間関係を創造し、社会で共存するための知恵なのです。だから私は、すべてのビジネス・パーソンに「負けない交渉術」を学んでいただきたいのです。

本書は、弱者が強者に負けないために、「プロの交渉技術」を理論的側面と技術的側面から学んでいただけるように配慮しました。

２０１２年２月

向井　一男

負けない交渉術　6つのルール

1章　そもそも、交渉とは何か？

2章　プロの交渉と素人の交渉はここが違う

3章　プロの交渉術

4章 こんなときはどうするか？

5章　交渉に必要な五つのスキル

6章　交渉に負けないためのテクニック

カバーデザイン◉春日井恵実
本文DTP◉エムツーデザイン

1章

そもそも、交渉とは何か？

❶ ビジネスは交渉の連続

もしあなたが「交渉とは、いったい何でしょう？」と聞かれたら、はたしてどのように答えるでしょうか？　おそらく多くの人が、次のように答えるのではないでしょうか。

「交渉とは駆け引きです。どれだけ自分の要求が通るか、です」と。

そしてさらに、「交渉力のある人とは、どのようなイメージですか？」と聞くと、「口がうまくて、駆け引きが上手な人」と答える人が圧倒的に多いのではないでしょうか。

ということは、交渉がうまい人は油断のできない人で、こちらが油断をしているとだまされるかもしれない、と思われているのかもしれません。

交渉を正しく学ぶには、まず「交渉とは何か」を知る必要があります。

交渉とは、「人や組織、さらに国と国の利害の対立を、対話を通して双方が満足できる解決策を考え出すプロセス」と定義することができます。

私たちは、ビジネスでもプライベートでも、朝から晩までいたるところで交渉を行なっています。

たとえば、朝起きて、子どもに「朝ごはんをきちんと食べなさい」と叱っても、子どもは時間がないから、と朝食を食べずに学校へ行こうとします。こちらの言うことをなかなか聞きません。

また妻から、「今日は、相談があるから早く帰ってきて」と頼まれても、「今日は、大事な会議があるから、早く帰れるかどうかわからない」などと言ってしまいます。

これらも、広い意味では交渉になります。さらに、近所の人にゴミ出しのルールを守るように注意をすることも、また交渉なのです。

人は、それぞれの価値観とそのときの立場や状況によって行動します。しかし、人の価値観や立場はそれぞれ異なるため、容易に対立が起こります。そして、人は誰でも「自分だけは損をしたくない」と考えます。つまり、〝利害関係による対立は、いつでもどこでも起こる可能性がある〟のです。

人間社会で生きていくということは、価値観や考え方の異なる者同士が協力し合って、お互いの要求と譲歩を繰り返しながら、解決案を探ることに他なりません。

では、ビジネスにおける交渉の概念を考えてみましょう。中央大学の佐久間賢教授は、次のように説明しています。

「交渉」を英語に置き換えると、ネゴシエーション（Negotiation）です。Negotiation の語源は、ラテン語の Negotium からきています。neg は英語では not、otium は leisure や free など、「時間が十分にある」という意味です。つまり negotium とは、not free（暇ではない）、busy（忙しい）の意味から転じた「ビジネス（business）」と同義語と言えるでしょう。

つまり交渉とは、取引、すなわち話し合いにより、双方が満足できるようにお互いの合意の着地点を探ることであり、ビジネスそのものと言えます。

そのため、欧米での交渉の概念は「ビジネスを行なう」ということなのです。

ところが、前述のように日本での交渉の概念は「駆け引き」です。そして、そのイメージは〝騙し〟など、どうしても否定的なものになりがちです。

まずは、こういった私たち日本人における、狭義の「交渉」の概念を変えるべきでしょう。

世界経済が不安定になり、企業を取り巻く環境は、今までになく悪化しています。そして、過去の体験から学んだ経験や知識が、役に立たなくなりつつあります。まさに激動の時代です。

そこで、企業競争力を高める手段として、これからはますますM&AやTOBが拡大する可能性が高まっていくでしょう。しかし、M&AやTOBを成功させるには、合意はもちろん、その後の経営においても、高度な交渉力が必要になってきます。

組織において意思決定を行なうことは、組織の将来を決定することであり、その意思決定は交渉力によって決まると言えます。

では、組織の中での意思決定は誰がするのでしょうか？　昔は、経営トップのみが意思決定者でした。

しかし今日の企業は、組織内のほとんどの階層において、高度な知識と技術を持つ者を多く抱えています。彼らは、仕事の進め方と仕事の結果を左右する存在であり、リスクを伴う多くの意思決定を行なっています。

つまり、組織に直接影響を与える決定が、組織のあらゆる階層においてなされているのです。「何を行ない、何を行なわない」「何を続け、何をやめるか」「どのような製品を市場に投入するか、投入しないか」などのリスクを伴う決定が、かなり下の、しかも肩書のない一担当者によってなされているのです。

彼らは彼らなりに、自らの事業について何らかの定義をもって意思決定を行なっています。そして、組織の内外の状況について、何らかの見解を持っています。

意思決定を行なう際、関係者間におけるコミュニケーションがうまく進まないために、双方に対立が生まれることがあります。ましてや、異文化間のコミュニケーションとなると、利害対立解消のハードルはますます高くなります。

そのため、お互いに相手の文化や商習慣を変えることは不可能に近くなります。そうであれば、相手の文化や商習慣を認めながらも、共通するビジネスの要件に関して理解するほうが賢明と言えるでしょう。プライベートでもビジネスでも、交渉の原理は同じです。そして、異文化間交渉も原理は同じなのです。

本書では、読者が交渉の理論を理解し、実践的なビジネススキルとして交渉力を身につけ、無用の対立や摩擦を引き起こすことなく、双方が満足できる、賢明な合意形成が行なえるようになることを目的としています。

❷ 日本人と欧米人の交渉はここが違う

前述した通り、欧米人の交渉の概念と日本人の交渉の概念には、まったくと言っていいほどの違いがあります。それでは、双方がどのように違うのかを見てみましょう。

まず、日本人の交渉スタイルとその特徴を、欧米人型交渉スタイルと比較してみましょう。日本人の交渉は、相互の関係維持を大切にする「交流型」です。さらに日本人には、交渉自体を好まないという国民性があります。それは、交渉が〝駆け引き〟だという概念が存在することに起因します。

避けられない交渉においても、真正面から向き合うことをせず、摩擦を避け、丸く治める形で解決しようと考えるのです。そのために、交渉を儀式として行ない、事前の根回しに全精力を注ぐ傾向があります。

日本人は、内部でできるだけ大勢の意見を聞き、内部コンセンサスを取りがちです。そして、全員の意見を集約して、組織の意見とする形式を経ることが重要なのです。さらに、どのように交渉を進めるか、が決定されるのです。

他者との交渉において、日本人の交渉はほとんど意志決定を伴いません。つまり、交渉自体が儀式化されているため、その場に応じた意志決定ができないのです。欧米人の間では、交渉プロセスの各段階で代替案や段階的な譲歩が行なわれますが、日本は事前に決めたこと以外は話さず、そして交渉者自身の意思は表現しないのです。

そのため、提案が拒否されたときには、すぐに防御に全力を尽くすことに終始するのです。このような交渉姿勢に対して、欧米人は日本人の交渉を「交渉の権限を持たず、責任があいまいだ」と不満を漏らしています。

私は約30年間、100％外資の企業に勤めていましたが、その間多くの欧米人に「日本人は交渉が下手なのではなく、交渉をしないのだ」と指摘されてきました。

その理由をたずねると、「すべてが事前の『根回し』によって決まり、交渉の担当者は交渉権を持っていないからだ」と言われました。日本人同士の場合には、相互理解の前提があるため、大きな問題ではないかもしれませんが、こと異文化間の交渉となると、これでは通用しません。

私は、個人的には欧米型の交渉を支持するものではありません。そして、日本型もまた然りです。交渉を交渉者レベルで見たとき、日本型と欧米型には、それぞれどのような特徴があるのかというと、私の認識では、欧米人は「ディベート型」で攻めてきます。一方、日本人は「交流型」です。

ディベート型とは物事の白黒をはっきりさせ、考えを断言します。これに対して、交流型は白黒をはっきりさせず、曖昧な表現をします。たとえば「そこのところ、いろいろありますがよろしく」といった具合です。

それでは、日本の交渉者のスタイルについて、述べてみましょう。

欧米人の交渉者はどんどん要求を出してきます。すなわち、手の内をはっきり見せてくるということです。

これに対して、日本の交渉者はほとんど最後まで手の内を見せることはありません。そして、欧米からは日本の交渉者は意見を持たない、考えを持たない、アンフェアだと指摘されます。

欧米の交渉は、プロセス・段取り・手順がはっきりしています。つまり、交渉には構造やメカニズムがあるということです。そして、このメカニズムがルール化されていて外から視ることができ、また第三者にも理解できるのが特徴です。

これに対して、日本の交渉には構造やメカニズムがなく、いきなり結論が出てくることがよくあります。プロセスの共有ができていないため、お互いに交渉の段階を確認し合ったり中間報告をする、ということができないのです。

家庭や職場、会社の中での交渉では、お互いに信頼関係があるため、今回こちらが譲歩をすれば、次回は相手が譲歩してくれるだろうと期待しています。

たしかに、永続性のある家族や会社においては、このような信頼関係は効果的です。しかし、他人に信頼を寄せ過ぎたり、信頼を前提に交渉を進めることは明らかにハイリスクな行為です。

諸外国から見た日本人の交渉を要約すると、次のようになります。

- **自分の考えで交渉に臨むのではなく、会社や組織の総意を持ち込む**
- **交渉者個人のアイデンティティがなく、個人ベースの人間関係が築きにくい**

もちろん、日本人の交渉のすべてが問題というわけではなく、欧米人の交渉にも問題点はあります。

したがって本書では、日本型（ソフト型）でもなく欧米型（ハード型）でもない、両方のよいところを集約した「原則立脚型」を中心に解説することにします。

❸ 交渉の目的は何か？

そもそも、交渉は何のために必要なのでしょうか？

人間社会では、常にさまざまな対立や利害などの問題が発生しています。その理由は、人間にはもともと、四つの欲動（獲得、絆、理解、防御）があるからだと言われています。そして、その中でもとくに獲得と防御が利害や対立に大きな影響を与えています。

人間以外の動物は、本能の赴くまま、相手の事情や感情などを考えることなく行動します。しかし、人間は弱い動物であるため、「共存共栄」を基本に考え、自分がどうしたいかだけでなく、また相手がどうしたいのかだけでもなく、双方にとって都合のいいように考えて行動する傾向があります。

そのために、人間は動物のようにあからさまに自分の欲求の赴くままに行動をすることはなく、欲動をコントロールし、人間のみが持つことを許された「言葉」によって、お互いの利害の調整や対立の解消を行なうのです。

この利害の調整や対立の解消を行なうための有効な手段が、「言葉」を使った対話です。そして、この対話にお互いが共有するべきプロセスや構造を理論体系づけたものが「交渉」なのです。

交渉は、どちらか一方のためのものではなく、双方の関心や願望を満たす方法を探る協働作業のプロセスなのです。人と人が戦ったり、駆け引きをしたり、勝ち負けを競うものではないのです。

つまり交渉とは、人間がよりよく共存していくための社会的行動と言えるのです。たとえば、スポーツは双方ともに勝つことを目的としています。しかし、そこには公平性や正当な基準があります。これが「ルール」です。そして、そこには競い合いはあるが、戦いはありません。

プライベートにおいてもビジネスにおいても、しばしばお互いの願望や関心事がぶつかり合うことがありますが、お互いに自分のことしか考えなければ、すぐに戦いになります。

「交渉」とは、たとえ文化や価値観が異なっていても、お互いが〝問題解決者〟として問題解決のための選択肢を探り、お互いの要求と譲歩を根気よく続けることによって対立を解消したり、利害の調整をすることを可能にする唯一の方法なのです。

❹ 交渉は駆け引きではない

プライベートでもビジネスでも、そして国家間の問題に至るまで、人は立場をめぐって駆け引きをしています。これを「立場駆け引き型交渉」と言います。

これは、自らの立場を示しては、相手の出方に応じて立場を少しずつ引っ込めていくという過程をたどり、そして双方が少しずつ譲歩して決着するのが一般的です。

〝唯一正しい交渉〟というものは存在しません。しかし、交渉には「こうあるべき」という基準や目的があってもいいはずです。

たとえば、当事者間の関係が損なわれない、効果的である、賢明な合意をもたらす、公平性が保たれる、社会全体の利益になる、などです。

自分の立場を示し、相手の出方を見ることは、相手はこちらが何を望んでいるかがわかるため、それなりの意味があります。そして、お互いに多少の駆け引きをすることで、合意の条件を見つけることができるかもしれません。

しかし、もし自分が相手から「駆け引きされている」と感じたらどうでしょう。あまりいい気分はしないはずです。ときには感情的になり、理性を失ってしまう場合があります。だからこそ、人間は感情の動物と言われるのでしょう。そして何より、立場駆け引き型交渉は力（パワーバランス）に応じた結果しか期待できません。つまり、力関係が交渉の結果を決めてしまうのです。

そうであれば、他の交渉方法を取ったほうが賢明です。

もうひとつ、立場駆け引き型交渉には問題があります。

立場をめぐって強引に駆け引きをすると、自分の面子を保つために後で引っ込みがつかなくなることがあるのです。自分の立場を強く示せば示すほど、後から言うことに制限がかかるのです。つまり、お互いの利益を調整し、合意を形成する可能性がなくなってしまうのです。

立場駆け引き型交渉は自分がどうしたらいいかだけを考え、相手のことは考慮しないため、交渉が決裂しやすいのです。その結果として、交渉からは何も得られないことになるのです。

立場駆け引き型交渉は、意志のぶつかり合い、平たく言うと〝我の通し合い〟です。本来、双方が受け入れられる解決案を考え出すための交渉が争いになるのです。「私は譲りませんから、貴方が譲りなさい。さもなければ交渉はやめましょう」というように、です。この姿勢で利益が得られるのは、力の強い者だけです。これでは、もはや交渉とは呼べません。

しかし、現実の交渉では自分が立場駆け引き型交渉を行なわなくても、相手がその手法で臨んでくる場合が少なくありません。

そのような場合、交渉とはお互いの対立や利害の調整を対話を通して行なうことであり、交渉当事者は友人でもなければ敵でもなく、問題解決者だということを伝え、このままでは双方利益（願望、関心）を得ることはできず、交渉決裂になる可能性があることを、相手に納得させることが必要になります。その対応については、後でくわしくお伝えします。

❺ 交渉能力とは問題解決力

交渉能力とは、ひと言で言うと問題解決力（Problem Solving Skill）のことです。交渉の席に着く者は、現状と理想、つまり現実とこうありたいこと（願望や関心事）とのギャップを問題とし、その問題の解決のために参加するのです。

一方の問題が解決されるためには他方の問題が解決されないといった場合には、交渉は成立しません。あくまでも、双方が満足を感じる結果でなければ、交渉は成功とは呼べません。

つまり、双方の現状と理想のギャップを埋める作業が問題を解決することになります。

それでは、問題を解決するためには、何が必要なのでしょうか?

まずは、「問題発見能力」を身につけることです。それには、考える力をつける、すなわち「理論力」と「想像力」を持つことです。もっとくわしく言うと、複雑に絡み合った諸事情の中から、直面する問題の実態や本質を的確に捉えて処理していく（前述の）「問題発見能力」と「問題解決能力」を身につけることです。

少し難しそうですが、前向きな心構えと真摯な気持ちがあれば、誰でも身につけることができます。この二つの能力は、交渉においてきわめて重要な能力なのです。

私の本業は経営コンサルタントです。これまで、さまざまな企業のコンサルティング活動において、「問題の本質」を指摘してきました。経営幹部の方に「御社の問題点を挙げてください」と問いかけるのですが、その際いろいろな問題点が出てきます。

たとえば最近担当した企業では、主力商品の売上げが落ち込んで経営不振に陥っていました。そこで調査を開始していくと、「魅力的な商品がない」「開発費用がかかりすぎている」「生産コストがかかりすぎている」「販売チャネルが少ない」「宣伝が足りない」など、さまざまな不振の原因が指摘されました。

トップは、これらすべての問題点をかたっぱしから改善しようとしました。

しかし、私の目から見れば、これら指摘されたことは単なる「現象」にしかすぎません。つまり、「本質的な問題点」ではないのです。

これらが本当の問題点だとすれば、この企業はとっくに潰れていたはずです。私の経験上、ほとんどの場合、5割以上のウエイトを持っている本質的な問題（原因）は、ひとつか二つくらいしかありません。たくさんの問題がありそうに見えても、ひとつの本質的問題が原因として起きた「現象」が、いろいろな形で出てくるだけなのです。

本質的問題（原因）と「現象」の区別がつかない人は、問題がたくさんありすぎて解決のしようがない、という言い方をします。そして、現象を原因だと思い込み、現象に対して対処療法を施すのです。そもそも、原因がなくなっていないわけですから、また別の形で問題が出てくることになります。

結局、前述のケースの場合、経営不振の本質的問題（原因）は「その企業が、競争相手の真似ばかりしていることと顧客の価値ニーズを満たす商品を開発せず、保守的な体質を持っていた」からなのです。

この体質にメスを入れない限り、次から次へと別の形で「現象」が現われ続けることになります。

交渉においても、本質的問題（原因）を見つけ出してそれを解決しない限り、満足な合意形成は望むことはできません。常に、「なぜ？」「なぜ？」「なぜ？」と、問題の本質を問い続けてください。

この質問力が、本質的問題（原因）を発見する鍵になるのです。そして、これが考える力になるのです。少し練習が必要ですが、誰にでも身につけることができます。

さて、問題点が発見できれば、次は仮説を立てることになります。そして、事実に基づいた検証を繰り返しながら、解決案（策）を立案実行（提案）するのです。

そしてこのとき、「解決できない問題はない」という前提を信じることです。問題解決には、意欲を持って取り組んでください。

どんなに大きく複雑な問題であっても、いくつかの小さな問題に分解すれば解けるものです。交渉を成功させるためには、決してあきらめないことが重要です。

❻ 経済学のゲーム理論から交渉が見えてくる

ゲーム理論とは、もともと行動科学の学問です。相手の考えている戦略や戦術、そして取るであろう行動を予測して、自らの戦略を決定するという理論です。

このゲーム理論は、数学者、物理学者であり経済学者でもある、フォン・ノイマンの『ゲームの理論と経済行動』に端を発するもので、人間がどのように行動するか、どのように意志決定をするのかを突き詰めた理論です。これは、獲得できる利益を最大にするという研究であるため、経済学として発展しました。

今日では、政治学や心理学にまで影響を与え、ＭＢＡ（経営学修士）の必須科目にもなっています。

ゲーム理論とは、相手の考えている戦略や行動を論理的に予測して、自らの戦略を決定するというものです。たとえば、囲碁やチェスは勝ち負けを競うゲームですが、それらは相手の指し手を見て、自分の指し手を決めるところが、交渉のプロセスによく似ています。

このように、交渉とは相手の戦略を予測して自分の戦略を立てて相対する形をとるため、

「ゲーム理論」の理解が役に立つのです。

この項では、ゲーム理論に基づいて、人はある状況下でどのような意志決定を行なうのかというメカニズムについて解説します。

ゲーム理論の中で、最もよく知られているのが「囚人のジレンマ」というモデルです。

犯罪を犯したと思われる2人組が捕まりました。警官は、この2人が犯人かどうかの証拠はまったくつかんでいません。このままでは、2人の罪は重くても2年です。そこで警官は、2人の囚人に自白させるために、彼らを別々の牢屋に入れました。そして2人の牢屋を訪れ、自白した場合の司法取引について、次のような条件を伝えたのです。

・もし、お前たちが2人とも沈黙したら、2人とも懲役2年だ

・共犯者が沈黙しても、お前だけが自白したら、お前だけ刑を1年に減刑してやろう。ただし、共犯者は懲役15年だ

・逆に、共犯者が自白して、お前が沈黙したら、共犯者は刑が1年だ。しかし、お前は懲役15年だ

・ただし、お前たちが2人とも自白したら、2人とも懲役10年だ

ただし2人は、双方に同じ条件が提示されていることを知っているものとします。また、2人は別々に隔離されているため、お互いに相談や打ち合わせをすることはできません。

このとき囚人は、共犯者と協調して沈黙すべきか、それとも共犯者を裏切って自白すべきか、というのが問題なのです。

2人の囚人を、AとBとして表にまとめると次のようになります。

		囚人A	
		裏切り(自白)	協調(黙秘)
囚人B	協調(黙秘)	A/1年 B/15年	A/2年 B/2年
	裏切り(自白)	A/10年 B/10年	A/15年 B/1年

この2人の囚人にとって、お互いに裏切り合って10年の刑を受けるより、お互いに協調し合って2年の刑を受けるほうが得になります。

しかし、囚人たちが自分の利益だけを追求している限り、お互いに裏切り合うという結末を迎えることになります。

なぜなら、囚人Aは次のように考えるからです。

たとえば、囚人Bが「協調」を選んだとします。このとき、もし自分（A）がBと協調すれば自分は懲役2年だが、もし自分がBを裏切れば、懲役は1年ですむことになります。だから、Bを裏切ったほうが得、ということになるわけです。

逆に、囚人Bが「裏切り」を選んだとします。このとき、自分（A）がBと協調すれば自分は懲役15年だが、自分がBを裏切れば懲役は10年ですみます。だから、Bを裏切ったほうがやはり得、ということになるのです。

以上により、Bが自分との協調を選んだかどうかにかかわらず、Bを裏切るのが最適な戦略になるため、AはBを裏切ります。また、囚人Bも同様の考えから、囚人Aを裏切ることになるのです。

したがって、A、Bはお互いに裏切り合うより協調し合ったほうが得であるにもかかわらず、お互いに裏切り合って、10年の刑を受けることになるのです。

自分にとって「最適な選択」（裏切り）をする結果、「最適な選択」をすることができないことが「ジレンマ」と言われる所以なのです。

では、この囚人のジレンマを核兵器で考えてみましょう。

たとえば、A国とB国が、両方とも核兵器開発を止めれば平和が維持できるにもかかわらず、相手国が裏切って核兵器開発をはじめる恐れがあるため、双方の国はともに核兵器開発をはじめてしまうことになるのです。

また、ビジネスの価格競争について考えてみましょう。

A社、B社が、両社とも値下げを止めれば十分な利益を維持できるのに、相手企業の値下げによりシェアが奪われるのではないかと不安になり、結局双方とも値下げ合戦をして、ともに利益を下げてしまう例は数多くあります。

このように、囚人のジレンマは政治・経済の解析にも欠かせない理論なのです。

2章

プロの交渉と素人の交渉はここが違う

❶ 素人の交渉は、お互いを傷つける危険性がある

では、プロの交渉と素人の交渉では、いったい何が違うのでしょうか。思いつくままに列挙してみました。

①プロは、自分自身の感情はもちろん、相手の感情をもコントロールすることができる。しかし素人は、自分の感情さえコントロールすることが困難である。

人間は、否定的感情を持つと思考力が鈍り、考えが狭くなる。自分自身の感情をコントロールできないということは、自分自身の理性と感情がマッチしていないということであり、この不一致感を相手に悟られることは、交渉において不利な状況を招く可能性が高い。

②プロは、交渉の基本コンセプトを「話し合いにより、双方の合意点に達する」、いわゆるｗｉｎ－ｗｉｎ（双方満足）を目指す。しかし素人は、交渉を勝ち負けと捉えて、駆け引きに走る。

そもそも交渉とは、対立や利益の調整を対話で解決する社会的行動である。どちらか一方が勝つということは、他方は負けることを意味する。共存共栄を前提に、対立解消、利害調整をしなければならない。

③プロは、交渉領域（これなら最高、最低でもこれ）を決めて交渉に臨み、要求値の最低に達しない場合に備えて代替案を準備している。しかし素人は、最低限の要求値が通らない場合の

代替案を準備していないために行き詰まりを感じる。また、交渉領域の幅が極端に狭く、ときには幅がない場合もある。

④プロは、交渉相手との関係を長期スパンで捉えて交渉を進める。しかし素人は、短期スパン（今だけ）で交渉を進める。したがって、素人の交渉は駆け引きや一方的な説得が多く見られる。

⑤プロは相手の立場を理解し、その背後にある利害（望み）を探り、双方の利害の調整に意識を向ける。しかし素人は、いかに自分の立場を理解させるかに意識を向ける。対立を解消し利害の調整をするには、双方の歩み寄る姿勢（譲歩）が絶対条件となる。自分の立場だけを主張していては、絶対に問題解決につながることはない。

⑥プロは、忍耐強く要求と譲歩を繰り返す。しかし素人は、一方的に相手に譲歩を迫り、要求を通すための駆け引きが目立つ。

⑦プロは、相手の言葉だけでなく、相手の「心理状態」を読む。しかし素人は、相手の言葉に集中し、あまり相手の心理状態が観察できておらず、余裕もない。

⑧プロは、交渉前の準備に十分な時間をかける。しかし素人は、準備に時間をかけることはない。

何事にも準備が肝要。準備不足のために窮地に陥る交渉者は意外と多い。会社の意思決定会議においても、データの準備は万全だが、他者を理解納得させるための交渉の準備が未熟である。

⑨プロは、信頼関係（ラポール）を築くフェーズを大切に扱う。しかし素人は、季節の挨拶程

度しかしない。

　交渉をはじめる前に、お互いの立場を理解し合うことやお互いの人間性、価値観を知ることは、交渉を実りあるものにするためにたいへん役に立つ。
⑩プロは、相手の話を最後までよく聞く。しかし素人は、多くの時間を自分が話すことに費す（相手に自分を理解してほしいため）。
　プロのように、話を聞けば聞くほど相手の情報が手に入る。しかし、素人のように話せば話すほど、相手は手に入れた情報を検討する余裕が生まれる。実は、交渉をリードしているのは聞き手のほうなのである。
⑪プロは質問力が高い。しかし、素人は質問力が弱い。プロの質問力は、ときに本人が気づいていないようなことまで引き出す。プロはＨＯＷで質問する。すると、結果に対するプロセスや因果関係がわかる。しかし素人は、ＷＨＹで質問をする。その結果、説明にもならない弁解や言い訳が返ってくる場合が多い。
⑫プロは、相手に挑まれてもそれを受けることはない。しかし素人は、相手に挑む。相手の攻撃的な態度や発言があっても決して挑んではならない。それでは、相手の思うつぼとなってしまうからである。あるいは、相手の否定的感情がさらに大きくなり、生産的な交渉ができなくなる危険性がある。
　これとは逆に素人は、挑まれた場合に委縮してしまうことがあるが、プロは、挑まれても怖

がることはない。
⑬プロは、交渉対象物に対して依存度を低く見せる。しかし素人は、依存度が高いことを示す。
これも、自分の立場を相手に理解させたいからであり、依存度が上がれば交渉力は下がり、依存度が下がれば交渉力は上がる。


さて、プロと素人の交渉には、交渉の定義、目的、そして手段など、多くの違いがあることがおわかりいただけたでしょうか。

プロは、自分と相手の間にある問題を解決するために努力しますが、素人は、自分の立場を相手に理解、納得させるために、駆け引きに終始する傾向が強いのです。

自分の立場だけを相手に押しつけることは、決して問題の解決にはつながりません。そして相手を傷つけることにもなり、結果として自分自身をも傷つけることになるのです。

❷ 闘い（戦争）と交渉はどちらが得か

ここに、お腹を空かせた小学生が2人いるとします。その真ん中に、リンゴがひとつあります。2人は、お互いにこのリンゴを自分のものだと主張して対立しています。この子どもたちの問題を解決するには二つの方法があります。

ひとつは、暴力による解決方法です。喧嘩に勝ったほうがリンゴ1個を丸ごと手に入れるのです。もちろん、負けたほうには取り分はありません。

もうひとつの方法は、話し合いによる方法です。まさに、交渉による解決方法です。お互いに要求を出し合い、お互いに譲歩し、双方が納得のいく範囲で分配するのです。

対話、つまり交渉によって解決を図る場合、多少の時間がかかるかもしれません。しかし、お互いが怪我をすることもなく、負けた場合の屈辱感を感じることもありません。

一方、暴力（喧嘩）によって解決を図る場合には、解決に要する時間は短く、要求が100パーセント通るかも知れませんがお互いに傷つき、失うものは計り知れません。

暴力で解決しようとすると、必ず勝ち負けが生まれます。そして、勝った側と負けた側の関係は、支配関係であったり隷属関係になってしまいます。そして、その後の両者の関係はきわめて不安定であり、報復の連鎖が起こる可能性があります。

一方、対話という交渉によって解決を図ると、納得のいく価値の配分が可能となり、両者の関係は対等であり相互承認が期待できます。そして、その後も安心安定の関係を継続することができるのです。

しかし、表面上は暴力や争いを否定し、交渉という解決方法を選択しながらも、その交渉の内容は、駆け引きや脅しなどが合法的に行なわれているのが現実です。

ビジネスでは、上司と部下の間で、ベテランと新人の間で、部署と部署の間で、本部と現場の間で、会社と顧客との間で、取引企業との間で、さまざまな駆け引きや脅しが、交渉という名の下に平然と行なわれているのです。

交渉の多くが、実はゼロサム・ゲーム（ひとつのパイを奪い合う）なのです。たとえば、オレンジ1個を分配するとき、大人の場合、喧嘩をして勝ったほうが1個丸ごと取るようなことはしません。しかし、できるだけ相手より多くを獲得したいと望み、駆け引きに走るのです。

そして、現実的には一方が70パーセントを獲得し、そしてもう一方は30パーセントを獲得する、といった結果になります。取り合うパイが一定ということは、片方が1万円得をすれば、相手は1万円損をすることになるわけです。

この場合、闘いではないものの、必ず勝ち負けが生まれます。たしかに、決着はついたと言えますが、問題を解決できたとは言えません。むしろ、交渉前と比べて、双方の関係は悪くなっているのです。

したがって、このような交渉は〝合法的な戦争〟と言わざるを得ません。

一般的に、考え方や意見が対立したとき、まず自分がどうしたいのかを考えます。そして、どうしたいのかを主張します。これ自体は、何ら問題はありません。

しかし、相手も同じように「どうしたいか」という意思を持っています。対立や利害は、お互いの頭や心の中にあるのではなく、双方の「間」にあるのです。そして、対立は両者の相互作用の結果なのです。

そのため、双方が協力をして解決に当たらなければならないのです。その、お互いに協力をして問題を解決していくプロセスが、本来の正しい交渉なのです。

つまり交渉とは、「交渉の当事者同士がお互いに協力しながら対立を解消し、利害を調整するプロセス」のことなのです。

たしかに、争いに勝てば一時的に得るものはあるかもしれません。しかし、長い時間軸で考えると、たとえ勝ったとしても、決して得になることはありません。「信用」や「信頼」といった、生きるうえで最も大切なものを失うことになります。

駆け引きや圧力ではなく、知的相互作用としての正しい交渉術を身につけ、お互いに知識と知恵を出し合う知的交渉力を身につけなければなりません。

私が主催する「負けない交渉人ネゴシエーター養成講座」で、受講生にお伝えしている交渉の理念は以下の通りです。

「自分がどうしたいのかだけではなく、相手がどうしたいのかだけでもなく、双方にとっていいように考えて行動する」

これは、近年主流となっているハーバード流交渉術にも通じるものです。

❸ プロの交渉にはプロセスがある

交渉は、その定義の仕方によって交渉プロセスも異なってきます。本書では交渉の定義を、**「交渉とは、双方の対立や利害の調整を対話をもって行なうこと。そして、交渉を勝ち負けと捉えず、困難な問題に対して協働で解決する社会行動である」**とします。

そして結果として、交渉当事者双方がｗｉｎ－ｗｉｎの関係が保てる状態が絶対条件となるのです。

素人の交渉を見ていると、交渉を「勝ち負け」と捉え、自分の立場を徹底的に主張し、交渉に勝とうとします。論理的な説得で闘い、もしそれが通用しなければ、駆け引きや脅しや圧力に訴えてきます。それは、誠に悲しいことです。

だからこそ、1人でも多くの方に、正しい本来の交渉を学んでいただきたいのです。

先日、東京のＦＭ放送局から、「交渉術」に関する取材を受けました。コミュニケーションでの駆け引きの手段として、交渉術を使いたいといった内容の取材でした。取材担当者は、交渉とは〝駆け引き〟のことだと思っていたようです。

しかし、交渉とは本来、駆け引きや騙しや脅しを必要とせず、お互いの対立や利害の調整を双方の協働で解決していくものなのです。

プロの交渉者は、前に述べたような交渉の定義を守り、「交流」→「交渉」→「説得」→「意志決定」→「合意」といったプロセスで交渉を展開します。

一度交渉が開始されると、このプロセスにしたがって進み、合意形成を目指すのです。

しかし、私の知る限りでは、素人の交渉をあえてプロセス化すると「立場」→「説得」→「駆け引き・圧力」→「合意」となっています。

このように、プロの交渉者と素人の交渉者では、交渉のプロセス自体が大きく異なっているのです。そして最大の違いは、プロの交渉者はゴールに交渉当事者双方がｗｉｎ－ｗｉｎの状態、つまり双方が真に満足を得ることを目標、あるいは条件としています。

これに対して、素人の交渉者は勝って、相手よりいかに大きな利益（有形無形の）を獲得するかを目標としています。

それでは、プロの交渉プロセスの重要要素である交流・交渉・説得についての目的を、くわしく見ていくことにしましょう。

ここで、ひとつお断りをしておきます。本書で、「交渉」という表現を使うときには二つの意味があります。ひとつは、プロセス全体を指す場合、もうひとつは、プロセスの中のひとつの要素としての交渉です。

まず、プロセス全体を指す、交渉における重要要素としての交流について考えてみましょう。

交流には二つの目的があります。ひとつは、相互信頼関係、相互承認関係を築くためです。

対立解消や利害の調整を行なううえで、人間関係の善し悪しは大きな影響を及ぼします。このことは容易に理解できることであり、多くの人が経験ずみのことと思われます。

人間関係が成熟している場合には、お互いに譲歩の幅が広く、そうでない場合には、お互いの譲歩の幅が狭いのです。

交流には、もうひとつ大きな目的があります。それはプロセス上、次に来る交渉のための材料となる情報や、説得のための材料となる情報を入手することです。

具体的には、相手の立場、状況、パワーバランス、譲歩の限界値、代替案などです。

次に、プロセスの中のひとつの交渉について考えてみましょう。交渉の目的は、対話を通して相互の利害を調整し、対立を解消することでお互いの利益を実現することです。

通常の交渉は、ゼロサム・ゲーム（経済理論）と言われ、ひとつのパイを奪い合うことになります。片方が1万円の利益を得ると、他方は1万円の利益を失うといった構造になります。

そのために、新たなパイを加えて（複数加える場合もある）新たな価値を生み出し、最初のパイはこのように配分し、もうひとつのパイはこのように配分する、といった形で相互の利益を調整します。

最後に、説得について考えてみましょう。説得の目的は、相手の同意や納得を得て、相手の行動を変える意志決定を促すことです。相手の意思を尊重することを忘れた段階で、もはや説得ではなく、強制としか言えません。

しかし、プライベートにおいてもビジネスにおいても、説得は、ほぼ「強いる」行為になっています。

この場合の、双方の関係は健全と言えるでしょうか。双方、ｗｉｎ－ｗｉｎの状態にはほど遠いものです。

プロの交渉は、明確なプロセスに則り、プロセスの重要要素である交流、交渉、説得を正しく定義し、目的を明らかにして実行していくのです。

❹ 分配型交渉から統合型交渉に持ち込む

分配型交渉とは、ある一定の利益や便益などを、複数の当事者がどれだけ獲得するかについて対話で合意を図ることです。

ひとつのパイを複数の当事者で分ける交渉であるため、一方の取り分が増えれば、他方の取り分が減るのが特徴です。

つまり、当事者はお互いに対立することになります。前にも述べたゼロサム・ゲームです。

新内閣の大臣のポスト争い、ビジネスでは部門の事業予算の獲得合戦、プライベートでは遺産相続の分配、土地売買などは、典型的な分配型交渉と言えるでしょう。

たとえば、ある土地の売買交渉をしていて、交渉の対象が「価格」だとします。そして、売り手は5000万円以上で売りたいと思っているとします。一方、買い手はその土地を購入して飲食店を出したいと思い、1億円以下なら利益が出ると思っています。

つまり、この場合は5000万円から1億円の間が交渉可能領域となり、双方が得られる利益の和は5000万円ということになります。そして双方で、この5000万円というパイを取り合うことになります。

もし、5000万円で契約すれば、この交渉で売り手には利益がなく、買い手に5000万円の利益がもたらされることになります。もし、間をとって7500万円で契約すれば、売り手、買い手双方とも2500万円の利益がもたらされることになります。

もし、1億円で契約すれば、売り手に5000万円の利益がもたらされ、買い手には、交渉による利益はもたらされないことになります。

すでにお気づきのように、交渉によって自分と相手に発生する利益の合計は常に一定額ということになります。このような交渉を、分配型交渉と言います。

分配型交渉は、実は避けたい交渉スタイルです。お互いの利益の合計は一定なので、自分がより大きな利益を得れば、相手は同じだけ、より少ない利益を得ることになります。片方が100万円獲得すれば、他方は、100万円失うというわけです。

そのため、自分の立場を有利にする駆け引きばかりに意識が向けられます。そしてその結果、お互いの関係性が損なわれる危険性があります。これは、素人の典型的な交渉スタイルで、お互いに自らの立場を主張し、一歩も譲らない交渉です。

この場合は、ほぼ一方的に力の強い者や力の強い組織が勝利するケースがほとんどです。分配交渉はパイの奪い合いです。必ず勝者と敗者が生まれます。

では、どうすればいいのでしょうか。

先ほどの、土地の売買交渉に少し工夫をしてみましょう。

買い手は以前、飲食店を開くために、土地を購入したことがあります。ところが、開店後1年過ぎた頃から店の床が少し傾いてきたのです。調べてみると、地中にたくさんの瓦礫や産業廃棄物が埋まっていたのです。そのための処理費用として、大金を支払うことになった辛い経験があります。

売り手は、この土地にそのようなものは一切埋められていないことを確信しています。

ここで、「土地には瓦礫や産業廃棄物などは埋められていないという保証」を、交渉の取引材料に加えてみましょう。

万一、土地に瓦礫や産業廃棄物が埋められていたら、売り手がすべての撤去費用を負担するという保証です。買い手は、リスクや過去の苦い経験等を考慮して、その保証に3000万円の価値があると考えます。

しかし、売り手は確実に何も埋められていない自信があるため、万一のリスクを見込んでも、保証を出すことは1000万円の損失でしかないと考えます。

さて、「土地には瓦礫や産業廃棄物などは埋められていないという保証」が交渉の合意条件に含まれれば、買い手にとっては３０００万円のプラス、売り手にとっては、１０００万円のマイナスなので、２０００万円の新たな「利益」が発生したことになります。

保証が得られれば、買い手としては３０００万円の得をしたことになるため、取引価格を２０００万円引き上げたとしても、まだ１０００万円の得になります。

一方、売り手としては、保証をつけることで１０００万円の見込み損が発生するわけですが、価格を２０００万円引き上げてもらえば、相殺して１０００万円の得になります。結果として、売り手も買い手も「得」をしたことになります。

このような交渉を、**統合型交渉**と言います。

分配型交渉を統合型交渉に転換させることが、交渉をよりよいものにする鍵となります。**分配型交渉は素人の交渉であり、プロの交渉は統合型交渉です。**

もし、あなたが交渉で徹底的に不利な状況になったら、ぜひ統合型交渉に持ち込むようにしてください。状況が一変するかもしれません。

❺ 交渉には構造とメカニズムがある

書店では、さまざまな「交渉」に関する書籍を見かけます。そして、そのほとんどは、卓越した交渉者個人の体験論であり、たいへん興味深い内容となっています。

しかし、「交渉」を体系的に理解することは難しく、また交渉学や交渉理論に関する本はほとんど見当たらない状況です。

私の「負けないネゴシエーター養成講座」を受講される方は、日々の交渉に行き詰まりや敗北感を感じている方が多く、「交渉」に関する書籍も読まれています。

しかしながら、みなさん、なかなか交渉がうまくならないと言っています。

交渉は、あらゆる場面で立場が異なり、利害が絡むとはじまります。そしてその内容は千差万別です。

私たちが何かを学ぶときに重要なのは、理論と行動です。あらゆるものには理論があります。たとえば、運動には運動理論、音楽には音楽理論があります。また、教育には教育理論があります。それでは、交渉には理論はないのでしょうか。理論がわかれば、交渉を体系的に学ぶことができるはずです。

交渉にも理論があります。そして構造やメカニズムが存在します。だから私は、**「交渉は、誰でも学習可能なもの」**と捉えています。

2章の3項で、交渉にはプロセスがあるとお伝えしました。そして、そのプロセスの中にある構成要素としての交渉には、ストラクチャー（体系）やメカニズム（仕組み）があります。

交渉は、お互いの要求と譲歩の繰り返しによって進められます。つまり、片方が要求を「計画」し、そして相手に投げる。相手は、投げられた条件を受け入れるかどうかを「評価」して投げ返す。つまり、「計画→実行→評価→計画→」のストラクチャーを繰り返すことになります。

ちょうど、テニスのラリーのように、要求を交互に打ち合うことになるのです。そして打ち合っていく中でお互いに、それを受け入れるかどうかを評価し、より相手が満足できるように譲歩し、最終的に双方が相手の要求を受け入れることになります。

ここで、交渉の計画についての留意点を二つお伝えします。まずひとつ目は、一度提案した内容は変えられないということです。

一度、相手に要求のボールを投げると、相手は受け入れるかどうかの評価判定を行ない、投げられたボールに何らかの譲歩を加えて対案を投げ返してきます。

したがって、一度計画して投げたボールは、なかったことにすることはできないのです。もし、そのような行動をとれば、決定的に相手の信頼を失うことになります。

二つ目は、最初に提案した要求レベルは上げられないということです。一度、相手に要求のボールを投げると、相手はその要求が最大レベルのものと受け取ります。

たとえば、値上げ交渉において１００万円でお願いしたいと伝えると、１００万円が要求目標の上限になります。相手がその１００万円を受け入れると、１１０万円にしてほしいと要求することはできない、ということです。

これもまた、相手の信頼を大きく失うことになり、交渉決裂だけでなく、お互いの関係性に深い傷を残すことになります。人は、無意識のうちに交渉のストラクチャーにしたがって交渉を進めているため、ルール違反と認識し不快になるからです。

交渉とは、要求と譲歩の繰り返しでゴールを探る、あるいは創り出すプロセスなのです。言ってみれば、お互いの要求を下げるプロセスと言えるでしょう。

最後に、交渉のストラクチャーの計画の内容についてお伝えします。

先ほど述べた、「計画→実行→評価→計画→」が循環してゴールに向かいます。その「計画」は、ストラクチャーが繰り返されるたびに同じ作業が行なわれることになります。では、「計画」には何があるのでしょうか？

①交渉をするための情報収集をする
②相手とのパワーバランスを把握する
③譲歩の限界を設定する
④ＢＡＴＮＡを考える（決裂したときの代替案。くわしくは2章の8で解説）
⑤交渉の筋書き（シナリオ）を考える

この中で、最も重要な項目は⑤の交渉の筋書きづくりです。

筋書きを作るには、相手の状況やパワーバランスが把握でき、交渉の譲歩の限界を決め、交渉が決裂した場合の代替案を考慮に入れることが要求されます。

また、相手がファーストオファー（最初に出す要求）の内容を受け入れるような意志決定の材料（社会的基準と言えるような市場情報）を提供することも重要になります。

このように、プロの交渉はその場しのぎではなく、綿密に交渉のプロセスやストラクチャー、さらにメカニズムに沿って計算された計画を実行しているのです。

❻ プロは永続的関係を前提に交渉をする

1章の6項で述べた囚人のジレンマの通り、人間は、短期視点では個人最適を選択し、長期視点では全体最適（総合最適）を選択する傾向があります。

相手との関係が、今回限りであれば自分のことしか考えず、相手にどう思われるかは関係ないのです。

しかし、人間誰しも、その相手と長く関係を続けなければならないときには、自分だけでなく相手のことも多少は考えるようになります。

交渉は、個人や団体の対立や利害の調整を対話で解決する方法です。そして、その対話の内容は、相手との今後の関係の有無に大きく関わってくるのです。

極端な例をあげると、詐欺師の交渉は完全に短期視点で進められます。彼らにとっては今がすべてであり、交渉後の人間関係などまったく考えないからです。そのため、ダーティーな駆け引きや騙しといった反社会的行為が平気で行なえるわけです。

さて、ここで交渉の目的を今一度考えてみましょう。どのようなときに、交渉が必要になるのでしょうか。

大きく二つ考えることができます。ひとつは、意見や考え方が「対立」したときです。もうひとつは、お互いの利益と損害、つまり「利害」が発生したとき、あるいは発生しそうになったときです。

いずれの場合も、その問題は双方の交渉者の中にあるのではなく、双方の交渉者の「間」にあります。

つまり、双方の要求の差が問題であり、その問題は、交渉者と交渉者の間にあることになります。であれば、どちらか片方のみの要求を通した場合、解決には至らないということになります。

交渉とは、お互いの要求と譲歩を繰り返し、合意を形成する「共同作業」だからです。まさに共同作業のプロセスと言えます。

すなわち交渉の目的は、人や団体の「間」に起こる問題を、対話を通して解決する共同作業で合意を形成すること。そして合意の状態とは、お互いに満足できることが条件になります。

交渉を行なうときには、ぜひその相手とは交渉後も良好な関係を続けるのだという、永続的関係の前提に立っていただきたいのです。これは、交渉を行なう場合の最低条件です。

そして、この姿勢こそが、交渉の合意形成をもたらす条件と言えるのです。

プロの交渉者は、永続的関係を前提に交渉のプロセスを進めます。そして、相互が満足できる形で交渉を終結させるためには、どのように考え、どのように行動すれば一番いいのかにフォーカスするのです。

❼ 交渉領域と交渉可能領域

交渉が成立するためには、〝交渉可能領域〟が存在しなければなりません。私たちは交渉を開始する前に、「これなら最高！」と思えるような目標から、「最低でもこれ」と思える目標までの期待値を準備します。そして、お互いの期待値が重なる部分が存在して、初めて交渉は成り立つのです。

この期待値の幅のことを**「交渉領域」**と言います。そして、お互いの交渉領域の重なった部分を**「交渉可能領域（Zone Of Possible Agreement）」**と言います。

しかし、実際に交渉をはじめてみると、交渉当事者双方の交渉領域が重ならないことがあります。

たとえば、店側はこの商品を「1万円で売れたら最高」、譲歩しても「8000円以下では売りたくない」と考えています。

一方、お客様は、「商品は気に入ったので、5000円で買えたら最高」、譲歩しても「7000

円以上は払いたくない」と考えています。

店側の交渉領域は1万〜8000円の間、お客様の交渉領域は7000〜5000円の間ということになります。このケースは、お互いの交渉領域が重なっていません。

したがって、この場合には交渉可能領域は存在しないことになります。そのため、交渉は開始されないか、あるいは開始されても合意には至らないと考えられます。

もし、お客様が「5000円で買えたら最高だが、9000円までなら買ってもいい」と思っていたら、店側とお客様の間には8000〜9000円までの重なりがあるため、この場合には交渉は可能ということになります。そして、交渉可能領域の利益1000円を、交渉力や交渉能力で分け合うことになります。

つまり交渉とは、お互いの交渉領域が存在し、かつ双方の交渉領域が重なり、さらに「交渉可能領域」が存在することが前提となります。そして、この交渉可能領域を詰めていくプロセスが交渉と言えるでしょう。

では、交渉可能領域を詰めていくには、どのようにすればいいのでしょうか?

その答えは、「要求」と「譲歩」の繰り返しです。お互いに、それらを繰り返すことによって、相互の期待値を下方修正し、交渉可能領域を絞り込んでいくのです。このようにして、交渉は進展していきます。

実際の交渉では、自分の交渉領域は知っているが、相手の交渉領域は明確でない、という場合が少なくありません。

しかし、交渉を行なうにあたって、交渉領域や交渉可能領域の知識を持っておくことは、交渉を効果的に進めるうえで有効になります。お互いに要求を出し合うことで、交渉の初期段階ではわからなかった相手の状況も少しずつ見えてくるようになるため、相手の交渉領域や交渉可能領域も捉えることができるようになります。

ビジネスでは、お互いに市場の価値観を共有した行動をとっているため、相手の交渉領域のおおよその検討がつくものです。一方、ビジネス以外の場合には、相手の状況がなかなか読めないため、交渉相手やその周辺から情報を入手する必要があります。

さて、交渉可能領域そのものを拡大させることはできるのでしょうか?

交渉可能領域を固定的なものと捉えると、交渉可能領域のパイは一定と考えられます。つまり、分配型交渉になり、対立する関係が浮かび上がります。

店側が、ある商品を1万円で売ることができれば最高、6000円以下では売りたくないと考えます。一方、お客様は、「5000円で買えれば最高。譲歩しても8000円以上では買いたくない」と考えます。

この場合、交渉可能領域は6000円から8000円ということになります。つまり、お互いに交渉しながら2000円の利益を奪い合うことになります。

そして、力関係に依存した結果、利益が50：50の場合は問題ないのですが、現実は80：20となったり、70：30となることも珍しくありません。

このような結果では、勝者と敗者が生まれることになります。人によっては、たとえ80：20であっても、交渉可能領域の範囲内でのことなので、両者満足と捉えることもありますが、私は〝勝ち負けの発生〟と考えます。

そこで、少し交渉可能領域を拡大させることを考えてみましょう。今回の交渉可能領域は6000～8000円です。すでに、2章の4項でお伝えしたように、新たな交渉対象（新たなパイ）を加えることにより「統合型の交渉」に持ち込むことで、本当にお互いに満足のいく結果が得られる可能性が生まれます。

相手の交渉可能領域を理解し、なおかつ交渉可能領域だけにフォーカスするのではなく、新たな交渉領域を創造して分かち合う、「統合型交渉」を、ぜひ学んでいただきたいものです。

❽ プロが必ず行なう事前準備（BATNA）

プロの交渉人は、交渉をはじめる前に必ず、BATNA（Best Alternative To Negotiated Agreement）を準備しています。これを日本語に訳すと、「不調時対策案」となります。交渉が決裂した場合の対処策として、最もいい案という意味です。

では、BATNAとは、実際にはどのようなものなのでしょう？

私たちは、新幹線に間に合うようにタクシーを飛ばしているときには、予定している新幹線に乗ることが非常に重要に思われますが、後で振り返って見ると、次の新幹線でもよかったということがよくあります。

交渉においても、同じような状況があります。一度交渉がはじまると、決裂しないように一所懸命がんばります。そして、交渉の合意に執着してしまうのです。そのために、拒否すべき取引を成立させてしまうことがあります。

このようなことを未然に防ぐには、前もって受け入れることができる最悪の結果、つまりギリギリの線を決めておくことです。

そうすれば、相手の圧力に屈することなく、冷静に対処することができます。しかし、ギリギリの線を決めただけでは、極端に不利な合意は避けることはできますが、建設的な解決策を妨げてしまう場合があります。

では、安心して拒否すべきことは拒否し、受け入れるべきことは受け入れる方法はないのでしょうか。その方法がBATNAです。あらかじめ、合意に達しない場合にはどうするか、を具体的に決めておくのです。

たとえば、あなたが友人から中古車を買うとしましょう。

①同様の車を中古車センターで買う

②同様の車をネットオークションで買う

③同様の車を他の友人から買う

などが、ＢＡＴＮＡの候補と考えられます。

そして、①の場合はどの店で、いくらで売られているかを調べたうえで、同様の車をA店で１５０万円で買う、といった具体的な案にしておく必要があります。

もし友人が、どうしても１７０万円以下では売れないと言うのであれば、あなたは交渉をストップさせ、中古車センターやネットオークションで車を買うことを選択すればいいのです。

そもそも交渉する理由は、交渉しない場合よりも、いくらかでもよい結果を得るためだからです。

おわかりの通り、ＢＡＴＮＡを見つけるには、かなりの情報収集をする必要があります。まずは、思いつく範囲でいくつかのＢＡＴＮＡを準備しておいて、その中からよりよい条件のＢＡＴＮＡを選ぶというのが、一般的な交渉における戦略になります。

では、ＢＡＴＮＡを準備すると、どのような効果があるのでしょうか。

まずひとつは、「余裕をもって交渉ができる」ということです。もし、交渉が決裂しても、ＢＡＴＮＡを実行すればいいのだとなると、無理な譲歩をしなければならないとか、決裂したらどうしようという心配がなくなります。一度交渉を開始すると、どうしても交渉を成立させなければならないという義務感のようなプレッシャーがかかります。

次に、「絶対に負けない。自分に不利な交渉結果にならない」ということです。いくら交渉しても、ＢＡＴＮＡよりよい条件が得られないのであれば、交渉を続ける意味がありません。その場合は交渉決裂でいいのです。交渉決裂というと、否定的に取られるかもしれませんが、ＢＡＴＮＡよりも悪い交渉結果を受け入れてはなりません。

加えて、「交渉力が強く」なります。「交渉力とはＢＡＴＮＡのこと」と言っても過言ではありません。自分にとって、いかに都合のいいＢＡＴＮＡを準備しているかが交渉の鍵であり、ＢＡＴＮＡは「交渉に絶対負けない準備」という戦略なのです。

「交渉で絶対に負けない方法を教えてください！」と言われたら、迷わず「ＢＡＴＮＡを準備してください」と、私なら答えます。

ここでひとつ、ＢＡＴＮＡの注意点をお伝えしましょう。ＢＡＴＮＡは、交渉相手には言ってはなりません。交渉相手に気づかれないことが肝心です。

私が主催する、「負けないネゴシエーター養成講座」でのエピソードをご紹介しましょう。ある受講生が、ロール・プレイ中、交渉相手に自分のＢＡＴＮＡを得意気に話したのです。相手との交渉中に、「同様の車が、中古車販売Ａ店では１５０万円で売っているよ」と、交渉の初期段階で自分のＢＡＴＮＡを言ってしまったのです。

私は、売り手の受講生には「１３０万円まで譲歩してもいいよ」と伝えてありました。しかし売り手は、「それでは、１４９万円でお譲りしましょう」と言ったのです。

その結果、この売買交渉は１４９万円で決着しました。買い手は19万円損をしたわけです。

もうおわかりの通り、ＢＡＴＮＡは決して相手に言ってはならないのです。

ところが、交渉の素人はいつもこの間違いを犯します。ＢＡＴＮＡを交渉の武器として使って、結局は足元を見られてしまうことになるのです。

逆に、相手のＢＡＴＮＡを知っていれば、相手のＢＡＴＮＡの直前までは、こちらにとっていい条件を要求することができるわけです。

❾ プロが使っているハーバード流交渉術（ｗｉｎ－ｗｉｎ）

前述したように、交渉術には大きく三通りのアプローチが存在します。ひとつは、強硬な態度や策略などを用いて要求を勝ち取るアプローチ（ハード型）、二つ目は、極端に相手に同調するアプローチ（ソフト型）、三つ目は、協調的な対話によってお互いの便益を高めようとするアプローチ（原則立脚型）です。

素人の交渉は、強硬姿勢のアプローチ（ハード型）を選択するか、極端に交渉相手に同調するアプローチ（ソフト型）を選択するかのいずれかが多く、プロは、協調的なアプローチ（原則立脚型／合意形成型）を選択することが多いようです。

多くのプロ交渉者が用いている原則立脚型の交渉術が、「ハーバード流交渉術」なのです（3章で解説）。

実際の交渉においては、多くの問題や困難が生じます。立場的な要因、しがらみ的な要因、心理的な要因、経済的な要因などのさまざまな障害によって、実際の交渉はなかなかうまくいかず、行き詰まりが見られます。

ハーバード流交渉術は、このような行き詰まりに陥らないようにするための方法や、行き詰まりからうまく抜け出す方法を与えてくれます。

素人の多くの交渉者が用いているハード型、あるいはソフト型の交渉は、こちらが勝てば相手は負け、こちらが負ければ相手が勝つという、二元論的な結果になります。

そして、交渉後の両者の関係は支配的であり隷属的であり、とくに負けたほうは報復的な感情が残る場合が多いのです。

私が、ハーバード流交渉術をお勧めする大きな理由があります。

これまで、世界では西洋思想が繰り広げられ、とくに欧米のビジネスや法律の世界では、アリストテレス型「二元論」に基づいて繰り広げられてきました。日本も、その欧米型思想に大きく影響を受けてきました。

そして、相対性を否定し、「勝つか負けるか」といった対立する両極端な考え方に支配されてきました。

『ハーバード流交渉術』の著者であるロジャー・フィッシャーは、二元論的な見方の危険性を交渉学の中に見たのではないでしょうか。

そして、新しいパラダイムシフトとして、二元論的なものの見方や考え方ではなく、「中庸」を認めるハーバード流交渉術を構築したのです。

中庸とは、ひとつの立場に偏らず中正であること。そして、過不足がなく極端に走らないことです。

ハーバード流交渉術は、この西洋思想と、私たち日本人になじみのある東洋の思想である中庸や共生に重点を置いた思想に根ざしたものなのです。

ハーバード流交渉術のコンセプトは、「対決」よりも「和」です。この「和」は、日本人の最大の強みではないでしょうか。もともと、日本人の根底にある共生の知恵が今日のハーバード流交渉術なのです。

それでは、ハーバード流交渉術の要点を簡単にお伝えしましょう。

ハーバード流交渉術は、譲歩領域に「大きな幅」を持ち、交渉相手を「問題解決者」とみなし、紛争解消を圧力や暴力ではなく、お互いに「協力」して「新たな価値創造」を実現します。

そして、**交渉の目的は、「双方の利益実現」**です。

次に、ハーバード流交渉術の特徴についてお伝えしましょう。

ハーバード流交渉術の特徴は、ゼロサム交渉（ひとつのパイを奪い合う）ではなく、プラスサム交渉であり（ハーバードでは、ｗｉｎ－ｗｉｎと言う）、両者が満足と評価できる利益をお互いに獲得します。

つまり、ゼロサム交渉の〝勝つか負けるか〟に対して、プラスサム交渉は〝双方が利益を獲得〟するのです。

戦略としては、ゼロサム交渉は要求中心であるのに対して、プラスサム交渉は交互に要求と譲歩を繰り返し、最終的に合意に至ります。そして両者は、交渉終了後も引き続き友好な関係を保つことができるのです。

ハーバード流交渉術は交渉相手に、これだけは絶対に譲れないという態度で臨んではならない、というポイントがあります。また、お互いの満足を最大にするための交渉を目指し、決して相手に勝とうという闘争的交渉をしてはならないということです。

しかし現実は、これができない人や組織が何と多いことでしょう。その結果、プライベートでもビジネスでも、また外交においても、対立や利害の問題が後を絶たないのです。私は組織の中で、このような問題を数多く見てきました。

もし、読者が真摯にハーバード流交渉術を学ぶなら、これらの問題はかなり解消できるものと確信しています。

ハーバード流交渉術は、日本人にとって決して難しいものではなく、むしろ理解しやすく扱いやすい交渉手段なのです。

プロの交渉と素人の交渉の一番大きな違いは、ハーバード流交渉術を身につけているか否かです。私の「負けないネゴシエーター養成講座」の受講生の多くは、交渉の素人です。しかし、彼らは交渉能力が低いわけではなく、ただ交渉の仕方を知らないだけなのです。

⑩ プロは、利害（関心事）の調整力が違う

これまで、プロの交渉と素人の交渉の違いを述べてきました。しかし、最も大きな違いは、利害（ロジャー・フィッシャーの『ハーバード流交渉術』の原書『GETTING TO YES』ではinterestで、願望、欲求、関心事を指している）の調整力だと考えています。

素人の交渉は、立場に固執する傾向が強いのです。交渉における本当の問題は、表面的な「立場」からは問題の本質が見えないばかりか、解決の糸口を探すことも不可能です。交渉とは、相手の立場の背後にある理由や根拠など、お互いが本当に望んでいる欲求と欲求のぶつかり合いなのです。そして、欲求とは本心を意味します。

他国にない日本独特のコミュニケーション技法に、「以心伝心」という〝察する〟技術が存在します。

しかし残念なことに、最近の日本人は「察する」能力が低くなっているため、言葉からしか理解し合うことができなくなってきているようです。

交渉において重要なことは、相手の欲求である本心を見つけ出すことなのです。

それでは、立場の背後にある理由や根拠など、本心はどのように見つけ出せばいいのでしょ

うか。その方法は簡単です。相手の立場に対して、「なぜ？」を繰り返して考えれば利害（本心）が見えてきます。

さて、利害の調整と言えば、何かを決定する前に多くの選択肢を考えることです。

有名な話で、「オレンジの皮と実の交渉」というものがあります。2人の姉妹が、1個のオレンジを奪い合うという内容です。姉も妹も、オレンジがほしいと言い張りました。しかし、よくよく話を聞いてみると、姉がほしかったのは、オレンジジュースを作るためのオレンジの実であり、妹がほしかったのは、マーマレードを作るためのオレンジの皮だったのです。

この事例で、どのような解決策が考えられるでしょうか？

姉か妹のいずれかが、オレンジ1個を手に入れる……手に入れられないほうに大きな不満が生じて争いになる

姉妹で半分ずつ分ける……一見、フェアな解決方法に思われるが、どちらにも半分損をしたという結果が残り、再度争いが起こる可能性がある

姉か妹のいずれかがオレンジ1個を手に入れ、変わりにリンゴをあげる……争いは決着する

オレンジの実を姉が取り、妹が皮を取る……双方が満足を得る

このように交渉には、自分の立場の背後に本心があるように、相手にも本心があります。そして、この本心がわかれば、利害対立関係を解消することが可能になります。

前に述べた通り、立場の背後にある本心を見つけるには、「なぜ？」が肝心です。「なぜ、オ

レンジがほしいのか」と繰り返せばいいのです。

姉は、オレンジジュースを作るためにオレンジの実を、妹は、マーマレードを作るためにオレンジの皮が必要でした。このことがわかれば、無駄な争いをせずにすみます。


もうひとつ、利害にフォーカスした交渉の成功事例をご紹介しましょう。

1978年の、イスラエルとエジプトの和平交渉は解決不可能と見られていました。しかし、カーター元米国大統領の調停によって、両国は和平交渉に成功したのです。

当時、和平交渉がはじまったとき、イスラエルのベギン首相とエジプトのサダト大統領は真っ向から対立していました。

イスラエルは、1967年の6日戦争以降、エジプト領シナイ半島を占領していました。両者対立の立場で、イスラエルは「シナイ半島の一部を維持し続けたい」と主張していました。

一方のエジプトは、「シナイ半島全域が返還されるべきだ」と主張しました。イスラエルは、シナイ半島をイスラエルとエジプトに分ける領土境界線を何度も示しましたが、エジプトはこれを拒否しました。

しかし、両者の「立場」の主張ではなく、その背後にある利害（本当の望み）に着眼すると、紛争解決の糸口が見つかったのです。

では、両者の立場の背後にあった利害（本当の望み）とは何だったのでしょうか。イスラエル側は「国家の安全」、エジプト側は「領土の主権」だったのです。そして、交渉は次のように展開しました。

「イスラエル側は、シナイ半島をすべてエジプト側に領土の主権を戻す。しかし、エジプトの非武装化により、イスラエルの安全を確保するという案に同意する」

表面上の立場にとらわれるのではなく、お互いの最大の利害（INTEREST）に焦点を当てて調整するほうが、交渉はうまく運ぶのです。これがプロのやり方です

素人の交渉がうまくいかない大きな理由のひとつが、立場にとらわれ、その背後にある欲求や望みに目を向けないことです。相手の立場に「なぜ？」を繰り返してみてください。そして、立場ではなく利害（INTEREST）に目を向けてください。

必ず、立場のぶつかり合いの行き詰まりから抜け出すことができるはずです。

3章

プロの交渉術

❶ プロが使っている「ハーバード流交渉術」とはどのようなものか?

私たちの日々の生活は、交渉の連続です。ビジネスにおいてもプライベートにおいても、毎日何らかの交渉や説得を行なっています。

しかし、日常的に交渉をしていることに気づいていません。日常行なっている交渉の大部分は、無意識行動と言えます。

1章の1項でも少し触れましたが、たとえば、夫婦で見たいテレビ番組が違う場合、子どもに勉強をさせようと話す場合、町内会のごみ処理に関する会合の場合、マンションの上階のステレオの音がうるさい場合など、またビジネスでは、他部署に対する協力の依頼、業者との取り決め、会議、お客様との商談などなど、数え上げればきりがないほどです。

交渉とは、簡単に定義すると、「相手への要求を最大限に通す手段」となります。そして、お互いの要求に対して、お互いの譲歩により合意を目指す社会的行為と言えます。

現代において、利害の対立はプライベート、ビジネスを問わず、また国家間においても、ますます増えています。つまり、交渉の機会は確実に増えているのです。

2011年3月11日の東日本大震災による災害や原発に対して、さまざまな決定をしなければならない状況であるにもかかわらず、なかなか対策は進んでいません。

その理由はいろいろありますが、人それぞれの価値観や信念からくる行動の違いの調整が困難をきわめていることが大きいと言えます。

このように、お互いに立場を主張し、誰もが自分の主張だけを認め、他人の主張は認めないといった状況において、今こそこれらの問題を調整できる「交渉能力」が必要となるのです。

従来型の交渉は、強硬に出るハード型の交渉と、対立を避けるために、多少の不満があっても譲歩するソフト型の交渉です。

ハード型は、立場を強引に押し通すあまり、相手の反感を呼び対立をさらに大きくします。

一方のソフト型は、相手に利用され苦々しい思いをします。また、ハード型でもなくソフト型でもなく、その中間的な交渉もありますが、結局のところ要求を通すか、お互いの人間関係や信頼関係を取るかを選ぶことになり、結局はハード型、あるいはソフト型に移行してしまう場合が多いのです。

そんな問題を解決する方法、つまりハード型とソフト型の両方を含んだような交渉方法が、ハーバード大学の交渉学研究所で開発されました。

これが、「原則立脚型交渉術」というものです。

原則立脚型交渉術は、双方の立場（主張）の背後にある要望や関心、つまり利点に焦点を合わせたものであり、共通の利益を創造し、利害が対立する場合には、公正な基準に基づいて結論を出すといった方法をとります。

私が、この「原則立脚型交渉」を評価する最大の理由は、お互いに駆け引きなどをして計略的にならないこと、さらには公正な基準を使うことにより、組織力や財力、あるいは圧力による一方的な勝ち負けを防ぐことができるからです。

原則立脚型交渉術は国家間の問題でも、企業と企業の交渉でも、またコミュニティにおける問題でも、夫婦の問題でも十分に役に立つものです。

そして、何よりも原則立脚型交渉術は、誰もが学んで使うことができる方法と言えます。たとえ、交渉の場数を踏んだ手ごわい相手だろうが、聞き分けのない子どもだろうが応用がきくものなのです。

交渉は、決して難しいものではなく、交渉の構造やメカニズム、プロセスを理解し、やるべきことをきちんとやりさえすれば、誰にでもできるのです。

本章では、ハーバード流交渉術＝「原則立脚型交渉術」を中心に、学術的にではなく、実践で使えることを第一に考えて解説しました。原則立脚型交渉術の原則ともいうべき、四つの要素を学んでいただきます。それは以下の通りです。

①相手への個人的感情と交渉対象（関心事）を切り離します。
②お互いの立場ではなく、共通の関心事（利害）に焦点を合わせます。
③合意のためのアイデア（選択肢）を探ります。
④客観的、あるいは公正な基準を探ります。

くわしくは、本章4項で解説します。

❷ハード型交渉では衝突し、ソフト型交渉では負けてしまう

一般的な交渉は、自分の立場を一方的に押しながら、相手の出方に応じて少しずつ譲歩していくというプロセスをとります。いわゆるハード型交渉術であり、このような駆け引き型交渉では賢明な合意形成を生むことはできず、公正な基準に合わないのです。

強硬な立場で、駆け引きを続けることの代償がきわめて高くつくことは周知の通りです。だからと言って、極端に相手を信頼し、友好的に対応して衝突を避けようとすると、相手から突け込まれることになります。これがソフト型交渉術です。

では具体的に、最も一般的に用いられているハード型交渉術とソフト型交渉術の違いを見ていきます。

ソフト型交渉術は、関係の樹立と維持に重点を置き、相手を友人であるという前提で対話を進めます。これに対して、ハード型交渉術は相手を敵対者と見なします。

ソフト型の目的は合意にあるが、ハード型は勝ち負け、つまり勝つことを目的としています。ソフト型は相手を信頼し、ハード型は相手を疑ってかかります。ソフト型は自分の立場を簡単に変えますが、ハード型は自分の立場に固執します。ソフト型は提案を多く探りますが、ハー

ド型は立場を通すために、ときには相手を脅すこともあります。ソフト型は、相手に一所懸命受け入れられる提案を探りますが、ハード型は自分が受け入れられる理由を探ります。ソフト型は対立を避けようとしますが、ハード型は意志をぶつけて勝とうとします。ソフト型は圧力に屈し、ハード型は圧力をかけるのです。

いかがでしょうか、ハード型、ソフト型のイメージが少しはつかめたでしょうか。

実際の交渉現場で、ソフト型とハード型が交渉を行なうと、結果はどうなるかは明らかです。ほとんどのケースでソフト型が負け、ハード型が勝ち、結果として支配隷属関係が残り、関係性がきわめて悪く、不安定な状態になります。

ハーバード大学、ロースクール教授でありハーバード大学交渉学研究所所長のロジャー・フィッシャーは、「駆け引き型交渉では、ソフト型交渉を取るか、ハード型交渉を取るかに対する答えは、どちらもNOであり、交渉というゲームのやり方そのものを変える必要がある」と言っています。

そして彼は、賢明な結果を効果的かつ友好裏にもたらすべく設計された交渉方法を開発したのです。この方法が原則立脚型（Principled Negotiation）、または利益満足型交渉（Negotiation on Merit）と呼ばれ、次の四つの基本に集約しています。これら四つの基本とは、それぞれの状況において、どのように対処すべきかを示唆しています。

①人と問題を分離せよ

われわれ人間は、それぞれが異なる感情を持っていて、物の見方や受け取り方、感情はまったく違うと言えます。同じものを見ても、その認知はまったく違うということです。そして、その感情はお互いの意思の疎通を難しくします。

したがって、交渉を開始する前に、交渉の対象と交渉者（人）を分離しなければなりません。交渉者は、相手を攻撃するのではなく、一緒に問題を解決するパートナーであると考えるのです。

②立場ではなく、お互いの利害にフォーカスせよ

ひとたび、相手の立場の要求にフォーカスすると、その背後にある要望や関心などの利害を満足させる、という交渉本来の目的が疎かになります。短絡的に、お互いの立場の中間点で妥協するのは、賢明なやり方ではありません。それでは、お互いの本来のニーズを満たすことにならないからです。

③決定する前に、多くの可能性を探り創造せよ

相手の要望や関心を満たすためには、どのような方法があるのかを双方で考え、複数案を機械的に創造します。唯一正しい解決案など存在しないと考え、望ましい解決案を数多く考え出すのです。

④客観的基準を協調せよ

合意は、お互いの損得で治めるのではなく、公正な基準によって形成を図ります。市場、専門家の意見、慣習、法律など、公平な基準によって結論を出すべきです。このような基準を使えば、お互いにどちらが勝ったか負けたかではなく、交渉後の関係も安全で安心です。

このようにハード型交渉術、そしてソフト型交渉術の持つそれぞれの問題点を改善した交渉術が原則立脚型交渉術です。

従来のハード型かソフト型かではなく、あるいはその中間でもなく、原則立脚型で、双方満足できるｗｉｎ－ｗｉｎの交渉を学んでください。本章4項でくわしく解説します。

❸ ビジネスでは原則立脚型交渉で臨む

広く一般的に使われている交渉術は、ハード型かソフト型です。しかし前述したように、ハード型にもソフト型にも数々の問題があり、たとえ決着はついたとしても、双方が満足できるようなものではなく、その後の双方の関係にも悪い影響を及ぼしているのが現状です。そこで、ハード型やソフト型の問題点を解決すべく開発されたのが、原則立脚型交渉です。

ビジネス・パーソンには、今考えられる最も成功する可能性の高い交渉術を学んでいただきたいので、以下に原則立脚型交渉術の特徴を記します。

①われわれは、ビジネス交渉において、交渉相手をどのように位置づけているのでしょうか。
多くの場合、交渉者は分配交渉が交渉のすべてだと思っています。つまり、自分が損をすれば相手は得をする、自分が得をすれば相手が損をするパイの奪い合いだと思っています。だから、交渉相手は友人ではなく敵でもないのです。では、何なのでしょうか？　その答えは、**「問題解決者」**です。

交渉者は、お互いに立場があり、その背後には要望や関心といった利害が存在します。そして、双方ともに自分の利益を最大化することを望んでいます。

その両方の望みを達成するためには、双方の共通の利益を探り、問題を解決しなければなりません。そのため、交渉者はお互いに相手を問題解決者と位置づけることが重要なのです。
②われわれが交渉をする目的は何でしょうか？
ハード型交渉を〝よし〟とする交渉者に交渉の目的を聞くと、「必ず勝つこと」と答えます。

一方、ソフト型の交渉者に交渉の目的を聞くと、必ず「どこまで譲歩するか」だと答えます。

しかし、双方が満足を得る結果を望むなら、目的は勝ち負けではなく、どれだけ譲歩をするかでもなく、効果的かつ友好裏に賢明な結果をもたらすことになるでしょう。

社内の別部署だろうと、取引業者だろうと、お客様だろうと、交渉の目的はｗｉｎ－ｗｉｎを創造することなのです。
③譲歩に関しての意識はどうでしょうか。

ソフト型の交渉者は、友好関係を壊さない、あるいは深めるために譲歩をします。一方、ハード型の交渉者は、友好関係の条件として相手に譲歩を迫ります。交渉において、交流は前提であり重要なものです。

しかし、交渉課題そのものについて議論するときには、人と課題（問題）を分離することです。課題や問題を論じているときに、人間関係を優先させた議論をすることは、問題の本質を見失うことになります。

④われわれは、ビジネス交渉の場で交渉相手を信頼しながら交渉を進めるべきなのか、それとも交渉相手を疑いながら進めるべきなのでしょうか。

実際の交渉場面においては、交渉の展開しだいで信頼のポジションと疑いのポジションが行き来しています。つまり、信頼は交渉の成りゆきしだいで、対極の疑いにまで変化してしまうのです。

では、どうするのがいいのでしょうか？　その答えは、「信頼するしないにかかわらず、交渉を進行させる」ことです。

⑤交渉における最初の壁は、お互いの立場の衝突です。

お互いが、この立場を譲らなければ交渉は決裂ということになります。しかし実際には、一方が立場を変えることによって何とか進行します。もちろん、双方の関係性は悪くなりますが。

では、どうすればいいのか？　それは、お互いの立場ではなく、双方の関心事（利害）に焦点を合わせることです。立場の背後にある、要望や関心に意識を向けることが重要なのです。

⑥ハード型交渉者は立場を変えず強引に押し、ソフト型交渉者は、提案をいくつか出していきます。

ハード型交渉者は、この提案に脅しをかけてきます。それは、もはや公正な交渉とは言えない状態です。ではどうするか？　答えは、立場ではなく関心事を探ることです。

⑦われわれは交渉領域、つまり「こうであれば最高、最悪でもこれ」を持って交渉に臨みます。ソフト型交渉者は、比較的早い時期に最悪の線を明かします。一方、ハード型交渉者は、むしろ最悪の線を隠して相手を誤信させます。理想的には､最悪を出すやり方を避けることです。

⑧交渉が行き詰ったとき、ソフト型交渉者は和解を成立させるために、一方的に不利な条件も受け入れてしまいます。

しかし、ハード型交渉者は一方的に有利な条件を相手に強要します。片方が強要し、他方が受け入れるのです。しかしこれでは、公平な交渉とはほど遠いものとなります。ではどうするのか？　双方にとって、有利な選択肢を考え出すのです。

⑨ソフト型交渉者は、意志のぶつかり合いを避けようとします。

しかし、ハード型交渉者は意志をぶつけて勝とうとします。では、どうするのが最適なのでしょうか。意志とは無関係に、公平かつ客観的基準に基づいて結果を出すのです。

⑩ビジネス交渉におけるソフト型交渉やハード型交渉では、パワーバランスやポジションパ

ワーの強い者が勝ちます。

ハード型は圧力をかけ、ソフト型は圧力に屈します。ではどうするのか？　理を説いて、相手の理には耳を傾け、圧力ではなく原則に合わせるのです。

原則立脚型は、参加者を問題解決者として捉え、目的は効果的かつ友好裏に賢明な結果をもたらす、と考えます。そして、人に対しては柔軟性を持って問題にフォーカスし、相手については、信頼するかしないかではなく、無関係に進行します。

さらに、提案や脅しではなく、利害を探り、双方にとって有利な選択肢を考え出します。お互いの立場ではなく、客観的基準を協調し、圧力ではなく原則に心を合わせます。ビジネス交渉において、原則立脚型の交渉術を用いることによって、圧力に屈することなく公平な交渉が可能になるのです。

❹ プロの戦術四つの原則とは？

「ハーバード流交渉術とは何か？」と問われたら、私は原則立脚型交渉の説明と四つの戦術を説明することにしています。私の知る限りでは、多くの卓越した交渉者は、この戦術通りにやっています。もちろん、私も同様です。

〈1　人間と問題を切り離す〉

個人と個人との交渉でも、組織と組織の交渉でも、国家間の交渉でも、実際に交渉を行なうのは「人間」です。つまり、交渉とは人間との話し合いです。

人間は、機械ではなく感情を持つ存在であり、そして一人ひとりが異なる価値観や信念を持っています。

人間は、過去の体験から学んだことをまとめ上げて名詞化（チャンクアップ）します。これが価値観です。そして、この価値観に合った行動をするための許可や承認をするのが信念です。

私たちは、一人ひとりが異なったメガネで世界を見ています。そのため、同じことを聞いても解釈が異なるのです。また同じものを見ても、違って見えるのです。

交渉における人間的側面は、有益であることもありますが、交渉そのものを破壊してしまうこともあるのです。人間は、立場を大切にします。だからこそ、立場が理解されず受け入れられないと、すぐに腹を立てたり失望したり、ときには攻撃的になる場合もあります。人間は、誤解する・される存在と言えるのです。

そうなると、お互いにお互いの問題を解決するための案を、理性的に考え出すという作業は不可能になります。そうなると、間違いなく交渉決裂です。これは、素人同士の交渉の典型例です。

だから、交渉のどのフェーズだろうと、「相手の人間的側面に十分な注意を払っているかどうか」を自問しなければならないのです。

交渉者は、誰でも自分の利益を最優先します。これは当然のことです。しかし、それだけではなく相手との友好関係も望んでいます。人は一人では生きていくことはできません。国も一国単独では成り立ちません。つまり、人間社会は共存共栄の原則を守らなければ存在し得なくなるのです。

取引先、仲間、家族など、現在樹立している関係のほうが、交渉のひとつの案件についての結果よりもはるかに重要なのです。

交渉には、このように人間的な側面があるために、当事者同士の関係が、案件の実質的な話し合いに微妙に絡み合ってくるのです。そして、話すほうも聞くほうも、人と問題をゴチャゴチャにしてしまう場合があるのです。

たとえば、妻が「家計が苦しい」と言うと、夫は個人攻撃されていると容易に受け取ってしまうのです。妻は、そんなことはまったく考えていないのにもかかわらず、です。

もうひとつの問題は、交渉内容について意見を述べると、相手は推理を働かせて、それを事実だと思い込んで相手の意思を推し量る傾向があります。交渉場面でなくても、会社内などでよく見かけることです。

実質、問題の解決と友好関係維持は二律背反の関係ではなく、交渉者がこの二つを分けて、それぞれの本質に基づいてそれらを処理するべきなのです。

つまり、人間の問題は人間の問題として扱うべきで、交渉課題は交渉課題として扱うべきなのです。

〈2　立場ではなく、利害に焦点を合わせる〉

交渉における根本的な問題は、立場による衝突ではなく、当事者の要望や関心、欲求の衝突です。たとえば、住民による大型マンション建設反対運動は、日射量を今までどおり確保したい、あるいは街の景観を損ないたくないという気持ちからきています。

一方の建設会社は、できるだけ多くの住居を販売したいという思いがあります。このような願望や関心が「利害」です。立場とは、これらの利害をまとめたうえで達した結論なのです。利害とは、結論を導き出した原因なのです。

立場からの要求にこだわるより、利害の調整のほうがうまくいくのです。利害の調整に意識を向ければ、いくつかの満足できる策があるものです。そして対立する立場の背後には、対立する利害よりも、はるかに大きな共通の利害が存在するのです。

では、どのようにして相手の利害を見つけるのでしょうか?

最も簡単な方法は、相手の立場（主張）に対して、「なぜ?」と自問してみることです。つまり、相手の立場に立って見ることです。

そうすると、相手の関心事や望みといった利害が見えてくるものです。そしてさらに、相手に「なぜ?」と聞いてみることです。相手の立場の正当性を云々するのではなく、その背後にある相手の心境を推し量るのです。

相手の利害を探る一方で、こちらの利害も相手に示す必要があります。お互いに、立場ではなく利害を示すことが交渉を容易にするのです。

〈3　複数の選択肢を用意する〉

2章で記述した、イスラエルとエジプトのシナイ半島の領有権を巡る交渉は、交渉における問題点と解決の切り口を私たちに教えてくれています。このような交渉は、いつでもどこにでも起こり得る問題です。人はしばしば、物事を一面的にしか見ない傾向があります。

たとえば、シナイ半島のように領土はどちらのものか、不動産売買の価格、高層マンションの建設反対だけしか考えない交渉に終始したり、より有利であるもの（こと）を、どちらが勝ちとるかが問題視されます。

シナイ半島の非武装化という案は、暗礁に乗り上げた対立を合意に導くという劇的な役割をはたしました。双方を満足させる解決案を考え出す能力とは、ひとつのパイを分ける前に、それを可能な限り大きくすることです。そして、大きくする能力とは、選択肢を考え出すということです。

また、離婚においては、どちらが子どもを取るか、どちらが不動産を取るか、が交渉の焦点になります。そして調整がつかない場合には、弁護士を立てて争います。司法の場で、決着（勝ち負け）をつけるわけです。

ある意味で、この司法の場での闘いは人を幸せにはしません。負けたほうは、相手を恨み続けることになるし、勝ったほうは恨まれ続けることになるからです。

多くの選択肢を持つことが重要であるにもかかわらず、なぜ人は、選択肢を考えることにほとんど意識を向けないのでしょうか。

それは、自分の提案がすべてだと信じているからです。自分の立場と相手の立場の間の直線上に答えがあると信じ込んでいるのです。だから、その直線上の分割にしか答えはない、と考えているのです。

選択肢を考え出すことを阻んでいる大きな理由は、交渉当事者が自分自身の立場と利益しか考えていないからです。もともと交渉は、自分の願いや思いを達成するために行なうわけですから当然のことでしょう。

しかし、共存共栄を前提に考えると、自己中心的な態度は対立を大きくするだけで問題解決を遅らせる、あるいは交渉を破壊する可能性があります。

それでは、選択肢を考え出すには、どのようにすればよいのでしょうか。そのプロセスは、次のようになります。

①特定の問題点を考える
②問題を分析する
③対処方法を考える

④案を考える

〈4　客観的基準を協調する〉

相手の利害と自分の利害を十分に理解し、お互いに調整しようと試みても、利害の対立という厳しい現実に直面するのが一般的です。

家主と借家人の関係では、家主は家賃を上げたい、借家人は家賃を下げてほしいと望んでいます。店では、お客は安く買いたい、店側は高く売りたいと望んでいます。

このような場合には、お互いに立場を主張し、駆け引きで自分の主張を通そうと意志をぶつけ合い、片方が勝てば片方は負け、片方が1万円の利益を得ると、片方は利益を1万円失うことになります。そのため、駆け引きをして奪い合うことになります。つまり、賢明な合意は得られないのです。

では、木造二階建ての注文建築を依頼した施主と建設業者の契約における、双方の基礎工事についての意見が異なっているケースはどうでしょうか。

木造住宅の基礎には杭基礎と直接基礎の二種類があります。そして直接基礎にはベタ基礎、布基礎、そして独立基礎の三種類があります。

施主は杭基礎を主張し、建設業者は直接基礎、それも布基礎を主張して対立しています。施主は最高の強度を望み、建設業者は最大のコスト削減を望んでいるのです。一般的には、ここで双方の駆け引きがはじまります。

このケースの場合、施主は「この土地に適用される国の基準（標準仕様）はないのか。この地域の他の建物の基礎はどのようになっているのか。耐震性はどうなるのか」と、建設業者に問題を解決する基準を探すことを提案するのが妥当でしょう。

ちなみに、今回のケースの場合、次のような基準があります。

地耐力が20kN／㎡以下には杭基礎、20kN／㎡以上の場合は布基礎、30kN／㎡の場合はベタ基礎です。

客観的基準によるべきだと主張することによって、圧力に屈することなく、一定の原則に基づいた解決へ到達できるのです。当事者間のパワーバランスやポジションパワー、あるいは感情などに左右されることがないのです。つまり、力関係で一方が勝つといった不合理を避けることができるのです。

交渉において最も重要なことは、公正かどうか、ということです。公正で科学的な基準を使って問題に取り組めば、賢明な結果を実現することができるのです。そして、交渉後の人間関係もうまくいきます。

❺ プロに学ぶ対立解消の戦略

交渉で、対立や紛争を解決しようとするときには、どのようにすればいいのでしょうか。『ハーバード流交渉術』などの著者、ロジャー・フィッシャーは、「三つの「戦略」を考えろ」と言っています。

まずひとつ目は、対立や紛争の解決を妨げる、さまざまな障害を明らかにすることです。そして、その対立や障害を予防する方法、回避する方法、克服する方法を考えます。さらに、解決のための具体的行動計画を立てます。

では、具体的にどのように対立や紛争の問題を洗い出せばいいのでしょうか。ロジャー・フィッシャーは、次の「4ステップ分析法」を勧めています。

ステップ1＝症状を把握する
ステップ2＝原因を診断する
ステップ3＝治療法を検討する
ステップ4＝具体的な行動計画を提案する

さらに、対立や紛争を分析するためには、この4ステップに「7つの戦略要素」を組み合わせるといいでしょう。どんな対立や紛争にも、過去において何らかの原因があるはずであり、そして相手に要求をしてきたはずです。しかし、残念ながらうまくいかなくて本格的な対立や紛争に発展したはずです。

では、七つの戦略要素とは何でしょうか？

①立場ではなく、相手の望み・関心事を考える

まずは、自分の関心事（欲しているものやこと）は何か、そして同じく相手の関心事は何か、を考える必要があります。さらに、自分が相手に問題を与えていないかを考え、あればその解決策を提供しているかを考えます。

②代替案（交渉が決裂したときのための方策）を考える

相手の提案に同意できない場合、どうするかという方策を考えておく必要があります。すでに述べたBATNAです。たとえば、車を買い替えるのに、現在所有している車を下取りに出します。この下取り価格が、自分の期待の最低線を下回った場合、どのような方策を取るか、ということです。

③選択肢の提案を用意する

選択肢は、必ず複数用意します。そして、それらはすべて双方にプラス効果があることが条件になります。

④正当性と合法性を配慮する

客観的な基準や、時と場所に合った基準を用いているか、相手が納得するような説得力のある基準か、を十分に検討します。

⑤コミュニケーションに十分な注意を払う

自分は相手の話を傾聴しているか（心で聴いているか）／自分がオープンであることを伝えているか／話す内容(情報)はわかりやすいか／話の内容は的を射ているか／相手の非言語メッ

セージ（ノンバーバル）を受け取っているか／自分だけでなく、相手の要求最低線を探っているかなどに注意します。

⑥お互いの関係性をいい感じで保つ

当たり前のことですが、いい人間関係を育んでいる者同士の合意形成は容易であり、距離のある人間関係では合意形成は困難です。相手の立場の背景にある関心事や望みを聞いているかを考えてみましょう。

⑦コミットメントを検討する

最後に、相手とどこで折り合うのか、どこで合意するのかという落とし所を考える必要があります。

以上の通り、四つのステップ（ステップ1＝症状を把握する）（ステップ2＝原因を診断する）（ステップ3＝治療法を検討する）（ステップ4＝具体的な行動計画を提案する）を診断し、七つの戦略（立場ではなく、相手の望み・関心事を考える）（代替案、交渉が決裂したときのための方策を考える）（選択肢の提案を用意する）（正当性と合法性を配慮する）（コミュニケーションに十分な注意を払う）（お互いの関係性をいい感じで保つ）（コミットメントを検討する）を確実に実行すれば、対立は軽減、あるいは解消されます。

個人対個人、組織対組織、国対国において、対立や利害の衝突は避けられない現実です。

しかし、対立を単なる否定的なものと捉えるだけではなく、対立を解消するお互いのプロセスにより、何かすばらしいものやことを生み出す機会と捉えることもできるでしょう。

私は交渉を、お互いの関心事や望みをぶつけ合い、そして、ともに力を合わせてお互いが満足できる利益を生む合意を目指す社会活動と捉えています。

❻ 交渉の源泉

交渉力は相対的なものであり、交渉の対象（課題・問題）が変われば変化します。そして、交渉力を決定する要素が交渉力の源泉です。では、源泉とは何でしょうか？

ひとつ目は、交渉当事者の有する力ということになります。たとえば、社会的地位、経済力、コミュニケーション力、人脈などです。会社の場合には、規模（大企業、中小企業、零細企業）、財務、人材、情報力、ネットワーク、商品力等が交渉力の源泉になるでしょう。

二つ目は、交渉相手あるいは交渉課題への依存度です。相手が変われば交渉力は変わります。たとえば、買い物でどうしてもこの店のこの品がほしいと思ったとき、相手への依存度は大きくなります。しかし、この店ではなく他の店でもいいと思ったときには、相手に対する依存度は下がります。

このように、交渉相手に対する依存度が低くなれば交渉力は大きくなり、依存度が高くなれば交渉力は小さくなります。

三つ目は第三者の力、つまり社会や世論、官庁、マスコミ、見識者、各種基準、調停者などがこれにあたります。

たとえば、大型マンション建設反対運動があります。地域の住民一人ひとりの交渉力は小さなものですが、役所や見識者のレポート、マスコミなど第三者の力が大きな交渉力になります。

この三つの交渉力の源泉を、ビジネスマンの新規ポジションの交渉を例にとって考えてみましょう。

K社に所属する勤続年数15年の営業課長M氏の場合です。M氏は入社以来営業一筋で、部下の指導はもちろん、チームの売上げも高く評価されています。

また、部下からの信望も厚く、人柄も内外から好感を持たれています。最近、仕事がマンネリ化していると自身で考えていたところ、海外営業部の部長のポジションが空き、人事部が人選を検討しています。M氏も、候補の1人です。

第一の交渉力の源泉は、M氏自身の固有の力です。今の部署では今以上の評価を得ることは難しいと考えられています。しかし、海外営業部の部長になって、さらなる評価が得られるかもしれません。M氏の交渉力を大きくするためには、自分自身のマーケティング力、業務改善力、英語力をさらに磨く必要があります。

第二の交渉力の源泉は、M氏の海外営業部部長のポジションへの依存度です。

M氏の今のポジションでの評価は高いが、今以上の評価を得ることは難しいと考えています。しかし、海外営業部の部長になれば、さらに高い評価を得ることができ、将来的には役員への可能性も出てきます。人事部は選考をしていたものの、なかなか適任者が見つからず、M氏の可能性が高い状況です。

そんなとき、M氏は大手の同業他社Y社からスカウトを受けました。海外事業部本部長のポジションで、年俸も今の2割増しです。そして、将来は役員として受け入れるといった条件付きです。当然、M氏の海外営業部の部長のポジションへの依存度は下がります。

一方、人事部は他に適任者がいないため、M氏に対する依存度は上がり、条件提示の内容がM氏に有利に動く可能性が出てきます。

第三の交渉力の源泉は、M氏の部下や取引先、そしてお客様です。彼らが、M氏を辞めさせるなと声をあげれば、さらにM氏への評価は高まります。

もちろん、当事者の直接的な交渉力とはなりませんが、交渉に大きな影響を与えることはたしかです。交渉力が十分でない場合には、第三者の力を借りて交渉力を大きくすることも可能です。

前述の通り、交渉力の源泉は、交渉当事者の固有の力、交渉相手あるいは交渉対象に対する依存度、そして交渉当事者を取り巻く第三者の力です。

これらは、交渉の種類によって影響力は異なります。たとえば、分配交渉（パイの奪い合い）

では、当事者の固有の力が最も大きな影響力を持ちます。分配交渉は、ひとつのパイを奪い合う交渉であり、当事者間の力関係が交渉結果を左右すると言えます。当事者の保有する固有の力とは、社会的地位、政治力、経済力、信用力、組織力、商品力などです。

そして、統合型交渉は当事者固有の力と依存度が交渉力に大きな影響力を持ちます。

統合型交渉は、分配交渉が行き詰った場合の解決法として、交渉のパイを増やして統合的に双方で着地点を探す方法です。

❼プロならみんなやっている交渉の準備とは

交渉を成功させるには、交渉の準備が重要です。準備が交渉の結果を大きく左右します。そして、準備で最も重要になってくるのが交渉のシナリオづくりです。

交渉のシナリオは、交渉の目的、目標（こうであれば最高、最低でもこれ）、パワーバランス、**クリティカル・パス（Critical Pass）**などに沿って進められます。このクリティカル・パスが、交渉の準備と実行のポイントになります。

クリティカル・パス（計画を進めるうえで重要な部分）とは、具体的に次のようなものです。

①交渉材料の収集と分析
②パワーバランスの把握

③交渉目標（これなら最高、最低でもこれ）と譲歩限界の設定
④交渉シナリオの策定とBATNAの準備
⑤ポジショニング
⑥初期要求値の決定
⑦ロールプレイング

①交渉材料の情報と分析

情報収集の目的は何でしょうか？　大きくは、交渉相手とのパワーバランスの把握と交渉シナリオを作るため、そして相手の状況を知ることです。しかし、パワーバランスを把握するための情報の入手は、そう簡単ではありません。また、相手の状況を知るのも容易なことではありません。もうひとつの方法は、調査機関を使うことです。さらにもうひとつは、自力で情報を収集する方法です。交渉をはじめる前に交流を持って信頼関係を構築し、相互承認関係を築くことも有効です。外交等では、このステージは非常に重要になってきます。

情報は、次の三つが考えられます。

・交渉当事者間のパワーバランスを把握するための情報は、次のようなものが考えられます。

相手の社会的地位、職業、専門知識、プレゼンテーション力、経済力、政治力、組織規模、市場占有率、財務、商品競争力、等の固有の力。同業他社の存在、交渉課題についての依存度。

・交渉シナリオを作るための情報は時間の余裕、計画、目標（譲歩限界）。
・相手の状況を知る情報は、相手の交渉目標（こうであれば最高、最低でもこれ）、相手の計画、交渉の可能領域、交渉相手の財務状況、相手の価値観と行動様式。

②パワーバランスを把握する

交渉の目標と譲歩の限界を設定し、交渉のシナリオを作るには、自分の置かれている状況を知る必要があります。また、相手との相対的な力関係を正しく把握しなければなりません。パワーバランスを把握するには、相手の職業や社会的地位、専門知識、経済力、政治力、人脈などを知る必要があります。組織においては、組織規模、市場占有率、財務状況、売上規模、商品開発力、生産力等があります。また、交渉課題に対する依存度等の情報を集め、自分や自社を客観的に比較分析する必要があります。

③交渉目標の設定

まず、自分が何を望んでいるのかを知る必要があります。これが明確でないと、交渉計画は立てられません。

④交渉シナリオの策定とBATNAの準備

交渉を成功させるには、強い目的意識が必要です。そして、交渉終結までのプロセスが完全でなければなりません。たとえば、情報収集と相手のパワーバランスの把握を通じて、相手との交渉可能領域を確認し、交渉目標と譲歩限界を決めることができれば、交渉のシナリオも作りやすくなります。そして、シナリオの中に必ず組み込んでおかなければならないのがBATNAです。

⑤ポジショニング

交渉相手とのパワーバランス、関係を変えるための方策が、「ポジショニング」です。交渉力の源泉は、交渉当事者の固有の力、相手への依存度、そして第三者の力の三つです。これらのうちのひとつでも変われば、パワーバランスは変わるのです。たとえば、相手に影響力のある第三者の支援を受けることができれば、容易にパワーバランスは変わります。

ある大手メーカーが、製品を作るために、部品を特定業者のものに限定すると、この業者以外からは購入できなくなるため、買い手の交渉力は小さくなります。零細企業が生き残るために、他にない技術開発を行なうのはこのためです。

しかし、他の業者が同じものを開発すれば、大手メーカーは既存の業者に対して交渉力が大きくなります。このように、交渉力は当事者間の相対的なものと言えます。とくに、交渉課題に対する依存度の影響力は大きいのです。

⑥初期要求値の決定

通常、ファーストオファーと呼ばれるものです。交渉は、双方の要求と譲歩の繰り返しで進められるため、示した要求よりも高いレベルで受け入れられることは期待できません。そのため、交渉可能領域の上限（こうであれば最高）に近いところにファーストオファーを設定することが、交渉を成功させる鍵となります。

異文化間交渉を行なう場合には、相手からのファーストオファーは十分に注意する必要があります。国によっては、こちらの期待値の10倍くらいのファーストオファーが出てくることがあります。ここで腹を立てたり、がっかりする必要はありません。粛々と、やるべきことをやればいいのです。

⑦ロールプレイング

計画を立て、シナリオを作成した後は、シミュレーションをしてみましょう。実際に役割演習をやってみることです。

これにより、問題点や不備を見つけることができます。そして、ロールプレイングをしっかりやることで交渉への不安が小さくなり、自信を持って臨むことができるようになるのです。日本では、交渉自体が正しく理解されておらず、シミュレーションをしてロールプレイングを実施することはほとんどない状況です。ロールプレイングは、ぜひやってみてください。やるのとやらないのとでは、交渉の成り行きに天と地ほどの差が出るからです。

❽ 交渉開始から合意まで、四つのフェーズと17のチェックポイントがある

交渉を、少しでも有利に進めるうえで考慮すべきことがあります。

ビジネスシチュエーションを例に考えてみましょう。

（A）交渉の準備をする

①相手の情報（交渉者、組織、財務状況、マーケットポジション、利益、強み、弱み、要求の背景など）を集めます。具体的に、交渉相手の目的や目標、つまり何を望んでいるのか。加えて、同様の案件についての過去の交渉経験や実績などです。

②交渉者の交渉能力。評判や交渉スタイル。具体的に、どの部署のどんなポジションの誰なのか？　交渉者の仕事の価値観は？　コミュニケーション力は？　プレゼンテーション力は？

交渉経験は？　交渉代理人、あるいは調停人はいるか？

③交渉は誰とするのか？　つまり相手は何人か？

④異文化間のビジネス交渉の場合には、相手の言語と文化に長けた者が必要。

⑤交渉者がお互いに複数の場合、役割を明確に決めておく。

（B）合意形成プロセスを作る

⑥議論の展開シミュレーションを作る。

⑦起こり得る問題を予期する。

⑧異文化間交渉の場合、通訳はつけるのかを考える。

⑨相手側の合意プロセスを予期し、リハーサルを実施する。

（C）成果物

⑩合意条件の確認
⑪同意書（契約書）作成
⑫契約調印
⑬交渉後のフォロー（合意したことを実際に実行しているか）

（D）合意形成の留意点

⑭交渉スタイルはどのようなものか？　分配交渉（ゼロ・サム交渉）か？　それとも統合型交渉で、ｗｉｎ－ｗｉｎを目指す原則立脚型交渉か？　また今回限りの取引か？　あるいは、とくにゴールはなく儀礼的なものか？　ここで最も重要なことは、相手のＢＡＴＮＡを推察することです。交渉する意味は、交渉しないより利益（有形無形）が大きくなることが条件です。常に、自分が何を求めていて、相手は何を求めているのかを明確にすることが重要であり、安易な譲歩や合意は賢明ではありません。

⑮譲歩と代案について

譲歩の提案と代替案を決めます。譲歩案を考え、もし合意に至らなければ代替案を示します。ここで重要なことは、代替案は情報として相手に流し、その代替案を採用するかどうかは相手が決断する、ということです。

つまり、相手が自分で考えて決めたという形にならないと、相手は「決められた」という自失を感じることになります。このような配慮は、実に日本的です。

⑯交渉場所をどこにするか？

ホームグラウンドかアウェー（相手側の場所）か？　あるいは、双方のホームグラウンド以外の場所か？　国内におけるビジネス交渉の場合は問題ないが、異文化間のビジネス交渉の場合、場所は交渉に重要な影響を及ぼす可能性があるため、慎重に決めなければなりません。私のフロリダにおける交渉経験からも、場所によるメンタルへの影響は、想像をはるかに超えるものがあります。

⑰交渉の時間

交渉は、時間制限がある場合とない場合があります。しかし、原則として交渉のタイム・リミットは設けるべきです。外交交渉は大がかりで膨大な時間がかかるものですが、ほとんどの場合期限が明記されています。アメリカとロシアのミサイル削減交渉においても、削減実施計画には期限が設けられています。

参考までに、私が実際に経験した異文化間のビジネス交渉について少し記述します。

一般的な異文化間ビジネス交渉は、次のようなプロセスになっています。まず、**オープニングステージ**です。ここでは共感を示し、自分の側の問題について説明します。そして、本題（交渉課題）に入っていく前に、お互いの交渉の背景を思い起こします。いわゆるレビューです。そして、最後に双方が満足で合意できることを願っていることを述べます。

次に、**駆け引きステージ**です。日本人はこのステージが最も苦手です。ここでは、相手に要求を出してそれに対する意見を求めます。そして、承認を求めます。つまり、相手に譲歩を迫るのです。

もし相手が譲歩しない場合には、意見の応酬、仮説の応酬、そして当初の要求の正当性を、独自の基準で再表明します。緊急措置としての譲歩を要求してくる、満足のいかない譲歩に対しては同意しないことが原則です。

さらに、**紛争ステージ**へと進みます。ここでは、いい譲歩が得られないと、相手側は次は対案を求めてきます。そして、その提案を厳しく精査し、根拠論拠、つまりエビデンス（証拠）を要求してきます。

そして、さらによい提案を出すように要求し、意地悪な質問を投げかけてきます。また、提案に対してあまり乗り気でない雰囲気を表わし、ときには話をはぐらかして責任転嫁すらします。このステージも、日本人は苦手とします。

そして、最後は**合意ステージ**となります。合意確認、約束（コミットメント）、このステージでは、さっきまでの嵐のような交渉は何だったのかと思われるほどの、宴のような雰囲気になります。そこでは決まって、プライベートの話がはじまります。

全体の流れとしては、このような感じです。

⑨ 交渉には準備すべき三つの領域がある

私が、交渉についてロジャー・フィッシャーから学んだ重要な三つの教えがあります。それは「備えなさい、そして備えなさい、さらに備えなさい」ということです。

交渉において、備え（準備）が不足していたために思うように進まないことは多くあります。言い方を変えれば、十分な備えなしに交渉がうまくいくことは稀なことなのです。たとえ、卓越した交渉者であっても、十分な備えを怠ると窮地に陥ります。

しかし、交渉を多く経験している者でも、十分な備えをすることはなかなか難しいことなのです。それはなぜでしょう。

ひとつには、備える方法を知らないからです。素人の交渉者は言います。「相手がどう出てくるかわからないのに、準備のしようがない。こちらは、要求を通すだけである」と。

もうひとつは、交渉体験から学ぼうとしないからです。会社の中で、報告・連絡・相談の場合は問題がなくても、いざ交渉となると、感情が過剰に表に出る傾向があります。

ある人は、恐れや不安を抱えたまま交渉に臨み、またある人は自信過剰な状態で交渉に臨みます。自分の提案が拒否されると怒り出す人もいれば、黙ってうつむいてしまう人もいます。

誰でも、最初から交渉がうまくいくわけではないのです。経験を重ねるたびに何かを学び、そして次に活かしていくのです。そうして、一人前の交渉者になっていくのです。十分な備えをすることにより、自信を持って交渉に臨むことができ、ネガティブな感情に振り回されることを避けることができるのです。

では、何を準備すればよいのでしょうか？

交渉には、備えるべき三つの領域があります。プロセスと問題内容、そして感情です。交渉で、どのような問題が話し合われるのか。それに対して、どのように対応するのかが十分に準備できていれば、不安はかなり小さくなるはずです。

交渉に臨む際のステート（自分自身の心の状態）をよい状態に保つことは、たいへん重要なことです。

スポーツ選手が試合に臨むとき、このステートしだいで、試合結果の80パーセントは決まると言われています。つまり、ふだんの練習の成果が出せたり出せなかったりするのです。大学の入試でも同じです。実力が発揮できるかどうかは、そのときの本人の状態によります。

まず、交渉プロセスの計画を立てましょう。交渉者にとって、重要な意志決定をいきなり求められても、何をどのように言えばいいのかわかりません。このような状態では不安です。

この不安が、ときとして交渉を失敗に導きます。交渉がうまくいくように交渉プロセスの計画を立てるには、三つの視点、つまり目的が何か？　この目的に最も叶うのはどのようなもの

（こと）か？　そして、どのようなプロセスをたどればいいのか？　といった視点が必要となるのです。

次に、問題内容について考えてみましょう。問題内容に関しては、交渉の基本構造をつくる七つの要素を検討することにつながります。

まず、プロセス上の問題は、

①コミュニケーションを向上させる
②よい関係を築く
③希望（関心利益）を早期に明確にする
④最終合意する前にいくつかの選択肢を作る

一方内容の問題としては、

⑤交渉当事者双方の要望（関心利益）は何か
⑥自分の主張に正当性があるという基準は何か
⑦交渉が決裂した場合のＢＡＴＮＡは何か

これら七つをひとつずつ丁寧に検討しておけば、交渉中に想定外のことが起こってもあわてることはありません。

さらに、自分の主張が相手にとってどの程度説得力があるかを検証するために、ぜひロールプレイングを行なってください。このロールプレイングからのフィードバックは、自分の交渉力を確実に強化してくれます。

そしてもうひとつ、自分の交渉を確実に強化する方法があります。その方法を徹底的に実践している交渉者は極端に少ないのですが、それは相手側の立場になって、同じように右記七項目を準備してみることです。

私の場合、先に相手側の立場に立って準備し、次に自分の準備をすることにしています。そうすることにより、自分と相手がよく見えるようになるからです。

最後に、感情について考えてみましょう。交渉では、「平常心で、自信を持って、集中していられるようにする」ことが重要になります。私たちは交渉中、さまざまな感情が生じるものです。

では、その感情はどこから生じるのでしょうか。人間には、核心的な五つの欲求というものがあります。価値理解、つながり、自律性、ステータス、役割です。

これら五つの欲求は、誰にでもあるものです。これらの五つの欲求に効果的に対処することができれば、自分だけでなく、相手にもポジティブな感情を生み出すことができるのです。では、核心的欲求をひとつずつ確認していくことにしましょう。

①価値理解

自分の考え方が理解され、相手に聴いてもらうことができ、価値を認めてもらえたように感じるだろうか。相手は、理解されたと感じただろうか？

②つながり

自分は、協力者として扱われただろうか？（敵とみなされただろうか？）　相手は、協力者として扱われたと感じただろうか？

③自律性

自分は、自律性が尊重されたと感じただろうか？　相手は、自律性が尊重されたと感じただろうか？

④ステータス

自分のステータスが尊重されたと感じただろうか？　相手は、ステータスを尊重されたと感じただろうか？

⑤役割

自分が、重要な役割をしていると感じただろうか？　相手は、自分が重要な役割をしていることを認められている、と感じただろうか？

人間は、備える（準備する）ことで、よい心の状態（感情）をつくることができます。万全の備えをして交渉に臨むことは、プロセスや問題内容に自信を持ち、お互いの感情をどのよう

に創り出すかを理解していることになるのです

⑩ 交渉がうまくいかないときの診断法と処方

交渉が、うまくいかないのはなぜでしょうか? これにはいろいろな理由が考えられますが、最も大きな理由は、交渉課題のパイを、双方が満足するように分ける方法がひとつしかないと思い込んでいることです。つまり、物事を一面的にしか見ていないということです。

双方が、お互いの要望(関心利益)をしっかりと理解していれば、双方にとって最も有益な解決方法(選択肢)があることに気づくことができるはずです。

交渉において、多くの選択肢(可能性)を持つことが重要なのに、人間は自分の狭い視野だけで物事を捉える傾向が強いのです。

多くの交渉者は、自分の主張が正しく、相手の主張に対して少し修正を加えれば受け入れられると思い込んでいます。そのため、自分の主張と相手の主張を結ぶ直線上に決着点があると信じ、その差を分割することが唯一の解決方法であると考えています。

では、選択肢を多数考えられない障害は何でしょうか。早まった判断をすること、一番いい答えをひとつだけ探そうとすること、奪い合うパイの大きさを一定だと決めつけること、相手の問題は相手が解決すればよいと考えていること——これら四つが考えられます。まずは、この四つを自己診断していただきたいのです。

【診断1】複数の選択肢を考え出すときというのは、最もすばらしい選択肢を考え出すということは難しいことです。それは何かと考えると、答えはなかなか出てきません。

そして、何とか考え出すことができたとしても、それが最適なものなのかどうか疑問に感じてしまいます。その結果、考えることを放棄したり、ありきたりの考えに行き着いてしまうのです。

また、交渉者は選択肢を提案することで、自分の立場を弱くする何かを相手に与えるのではないか、と考えます。

【診断2】多くの交渉者は、選択肢を多く考え出すことを、交渉の中心に置いていません。双方の要求のギャップを狭めることのみが交渉だと考えているのです。

また、複数の選択肢を探ることは交渉を難しくし、結論を遅らせるだけであると考えています。

【診断3】交渉当事者が、交渉課題の本質を論争の対象にしています。つまり、こちらが1万円得をすれば、相手は1万円損をする。こちらが1万円損をすれば、相手は1万円得をする。そもそも、選択肢を考える必要などないと思っている人が多いのです。

【診断4】一般的に、交渉者は自分の目前の利益にしか関心がない者が少なくありません。交渉のルールとして、自分の利益を獲得しようとするなら、相手の利益にも適った解決策をとる必要がある、と私は考えます。しかし現実的には、双方の利益に適った賢明な方法を考える人間は少ないのです。何よりも、相手の問題は、相手が解決すればいいと考えているのです。

では、どうすればいいのでしょうか?

1 選択肢を考え出す行為とそれに評価を下す行為を分離することです。

評価を下すことは、選択肢を考え出す行動を妨げます。可能性のある解決策を考え出すフェーズとそれを評価するフェーズを分けることです。立案、そして評価を同時に行なってはいけません。

2 選択肢の幅を広げてみましょう。交渉の余地を広げる段階に、十分な時間を取る必要があります。まずは、できるだけ多くの選択肢を集めることが重要です。そして、ひとつずつ多面的に評価します。

選択肢を考え出すには、次の四段階の思考過程があります。

①ある特定の問題について考える。たとえば、自分の家の側を流れる川から悪臭がする。

②現状を分析して問題点を分類し、原因を推測してみる。たとえば、川の水を分析して化学成分を調べる。近隣の化学工場に疑いがあるかもしれない。

③②の現状分析に対して論理的な解決方法を探す。たとえば、化学工場からの排水にろ過する設備を設ける。

④具体的で、実行可能な方策を考え出す。たとえば、化学工場の排水に関して県の環境保全課に働きかける。

これらに加えて、多くの選択肢を生み出すもうひとつの方法は、問題を多くの専門家の見地から検討してみることです。そのためには、各専門家の協力を得ることです。

⑪ 交渉終結メカニズム七つのポイントで最後まで気を抜かない

交渉とは、お互いの要求を出し合い、最後には双方が譲歩することで交渉終結に達します。一般的には、双方ともに交渉領域（こうであれば最高、最低でもこれ）を持って交渉の席に着きます。

そして、相手の立場に共感し、その立場の背後にある関心事や望みを探りながら、交渉可能領域（相手の交渉領域とこちらの交渉領域の重なるところ）を探ります。

実際の交渉場面では、この交渉可能領域の幅を、交渉者双方が譲歩を繰り返しながら狭めていくプロセスを辿ります。そして、交渉の最終段階で、お互いに合意案（条件）の提示が繰り返されます。これが、交渉終結のメカニズムの特徴です。

右記のように、パイを分け合う分配型交渉は、定量化（数量化）することが容易です。しかし、定量化できない統合型交渉では、交渉可能領域が絞り込まれて、最終合意段階にきていることを認識することが難しい場合があります。

そこで、相手の提示を注意深く見ていかなければなりません。また、こちらの提示に対する相手の反応を注意深く観察する必要があります。

このように注意深く見ていけば、どのような交渉スタイルであっても、交渉の最終段階にきていることを知ることができます。

私が主催する「負けないネゴシエーター養成講座」で、以前このようなことがありました。注意深く相手を見ていなかったために起こった失敗例です。

交渉終結場面だと判断した受講生・K氏は、最後通告で相手にプレッシャーをかけるために、「この条件が受け入れられないのなら、交渉は決裂です」と、交渉への態度をはっきりさせました。

お客様役である相手は、商品への依存度がそれほど高くなく、どうしてもほしいとは思っていなかったのです。そして彼は、「それならけっこうです。他で買います」と答えました。

相手が、交渉の成立を強く望んでいる場合にはこの方法は有効ですが、相手が交渉成立にそれほど執着していない場合には駆け引きと取られ、効果はありません。

結局、K氏はあわてて、「それでは……」と、別の提案をはじめたのですが効果はありませんでした。結局、K氏は交渉力をなくし、相手の言いなりにならざるを得なくなりました。もちろん、信頼も失いました。

このように、最終段階にあっても、交渉におけるパワーバランスが圧倒的に有利な場合や交渉対象に対する依存度が高くない場合には、最後通告のような最終提案を行なうことは避けなければならないのです。

最後通告を、交渉のテクニックと思っている人が少なくありませんが、これは間違いです。交渉を学んだ者には、それは通用しないのです。

このロールプレイングでは、前半から後半まではK氏が優勢に交渉を進めていたのですが、最後の場面で満塁サヨナラホームランを打たれて大逆転となりました。

K氏は、ひと言ポツリと「焦った」とつぶやいていました。野球（＝交渉）は、9回裏ツーアウト・ツーストライクからだ、と心底思ったそうです。

それでは、交渉最終段階における終結プロセスについて考えてみましょう。

①まず、相手の提案を論理的に評価する
　利益と不利益を評価し、自分の関心事や望みを実現できるかを評価します。
②そして、非理性による評価を行なう

人間の行動は不可思議なものです。すべてが理屈(論理的)通りには行動しません。ときには、非理性が理性に優先するのです。

③さらに、理性的評価の見直しを行なう

意思決定を正当化するためのステージです。本当に損はしていないか。あるいは、もっと利益を得られるのではないか、などの不安要素を払拭するためです。

④これで、初めて意思決定が行なわれる

相手の提案を受け入れる最終意思決定を行ないます。

⑤そして、合意終結となる

⑥合意内容を文書化する

合意内容と責務遂行の確認のため、必ず文書化します。

⑦組織の最終承認印で終わる

契約書（協定書）を作成します。

この終結プロセスにおける七つのチェックポイントは最低限のものであり、必ず各交渉案件ごとに行なってください。

4 章

こんなときはどうするか？

❶ 交渉相手と公平公正の基準が違ったら

交渉では、交渉対象について対話を進めていくうえで、何が正しくて何が正解かを議論することになります。もともと、それらは、人それぞれ異なるものです。

だからこそ、客観的基準が必要になってきます。そして、この基準を持つことで、お互いの譲歩による損失は軽減されるはずです。個々の立場の正当性を訴えるより、基準にしたがうことを選択するほうが容易なのです。そして、何よりも説得性が高まります。

たとえば、年俸交渉をする場合、「私は、このように会社に貢献しました。だから、これだけほしい」と言うより、「○○調査レポートによると、この業界でこのような活動と貢献をした者が得ている平均年俸額はいくらいくらです」といった基準を参考にしたほうが適切でしょう。

当然、基準は、公平かつ明確で広く使われていて、場所や状況に即したものでなければなりません。

では、複数の基準が存在する場合はどうすればいいのでしょうか。交渉者の価値観や信念、あるいは文化が異なると、選択する基準も異なってきます。どの基準が最適かを追求すれば、交渉はまとまらないかも知れません。

つまり、必ずしも判断基準で合意する必要はないのです。基準は、合意したほうが双方のためになるということを、交渉者に理解させてくれる存在なのです。

客観的基準を用いると、お互いの考え方の隔たりを小さくし、合意の可能性を高くするのに役立つのです。

交渉において、最も重要なことは、交渉者自身が自分の基準を持って提案内容の公正さを検討するということです。そうすれば、納得のいく結果が得られるし、騙されることもありません。

私は、公正公平について話すときには、必ずキヤノン電子の社長・酒巻久氏を思い出します。

酒巻氏は、私と同じく〝P・F・ドラッカー研究者〟であり、ドラッカーの教え通りに経営し、驚くべき結果を出している方です。

酒巻氏がドラッカーに心酔する大きな理由は、ドラッカーが倫理観と経済性の二つを追求した点にあります。酒巻氏はこの教えを重視し、社内に対しても社外に対しても、「約束を守る、嘘をつかない、他人を苛めない」と決めていると言います。

実際に、外部の納入業者を苛めるような態度は許しません。たとえば、酒巻氏は机に足を乗せながら部品の納入業者の話を聞いていた社員の足を、思い切り蹴飛ばしたことがあると言います。そして今では、部品調達担当者が納入業者にお茶を入れていると言います。

ちなみにキヤノン電子では、納入業者の努力でコスト削減ができた場合には、浮いたコストの半分を納入業者に還元しています。

日本の多くの製造業社は、納入業者に対して、パワーバランスやポジション・パワーを使って一方的にコスト削減を要求し、自社の利益の最大化を目指しています。

つまり共存の関係ではなく、「損か得か」の関係であり、ｗｉｎ－ｗｉｎの交渉の前提を無視した、「自分さえよければ、他人はどうなってもいい」といった利己的な基準を持っているようです。

このような交渉では、支配関係が生まれます。そして、それは隷属関係の上に成り立つ、たいへん不安定な関係と言わざるを得ません。

そのような相手と再び交渉をすることになったら、いったいどういうことになるのでしょうか。相手は、こちらが「報復」しようと目論んでいたら、どんなリスクを負うことになるのでしょうか。周囲の評判、とくに交渉態度が公正かどうかということについての評判はどうなるのでしょうか。

経営者は、目先の利益より、悪い評判が立つことによる損失を、今一度考える必要があります。公正な交渉をしているという評判が認知されれば、それは間違いなく大きな経営資源になるでしょう。個人でも組織でも、公正な交渉をしているかどうかで、その人や組織の値打ちが決まるのではないでしょうか。

交渉の態度（スタンス）で相手の素性がわかり、そして自分自身の品格がわかります。

❷ 交渉相手が変人（変わり者）だったら

3章の4項で説明したように、交渉においては「人と問題を切り離す」ということを思い出してください。人間の問題が、交渉における重要な問題だろうと、私たちの交渉のスタンスは変わりません。人に焦点化するのではなく、問題（交渉対象）にフォーカスしなければなりません。

いくら意見の相違が深刻だろうと、その処理能力が問題となってくるのです。意見の相違に対処できる、優れた友好関係を築くことが重要なのです。

それは、大幅な譲歩をしたり、対立などしていないと装うことではないのです。無理な譲歩をしたからと言って、意見の不一致が処理しやすくなるわけではなく、私自身の経験からすると、妥協が功を奏することはほとんどないと言えます。

また、無理に譲歩したからと言って、お互いの意見の不一致が改善しやすくなるわけでもないのです。

ビジネスシーンでは、よくこんなことがあります。「お互いの関係にヒビが入る」と脅すのです。

たとえば、「弊社のことを、本当に大切なパートナーだと思ってくれているのであれば、折れてくれますよね」「この提案をお受けいただけないのであれば、今後の関係に大きな問題が残るかもしれません」――これでは確実に友好関係は損なわれます。

合意すべき内容を、交渉の進め方や相手のやり方といった問題から切り離す必要があるのです。

そして、これらの問題は個別に議論されるべきなのです。交渉の実質的な問題と、交渉相手との関係に関する問題をきちんと分けるのです。

たとえば、ビジネスにおいては、期間、条件、価格、日程、数量、責任、保証などが考えられます。

また、交渉相手との関係に関しては、感情と理性のバランス、意志の疎通、信用信頼の程度、受容的態度か拒絶的態度か、相手を納得させるか威圧的に出るか、などが考えられます。

交渉において、良好な実務的関係はよい結果を得る手助けになります。そして、よい結果は良好な関係をさらによくします。

もし、相手の交渉態度について不満を感じるのであれば、話し合ったほうがいいでしょう。実務的な関係を樹立して、実質的な相違の利点をめぐって交渉を続けようと努力しているにもかかわらず、人間関係が障害になるのであれば、問題点をめぐって交渉しなければなりません。相手の態度について、懸念していることをきちんと伝え、実質問題を議論するのと同じように話し合うのです。

相手の態度ややり方から、勝手に相手を判断して非難したり攻撃するのでは、交渉そのものが成立しなくなります。自分が感じたことや思ったことを説明し、双方で正しい接し方や客観的基準や公正の原則を提案し、圧力には屈しないことを明確にするのです。

交渉の現場では、問題の対立の前に人間同士の対立がよく見られます。それは、交渉に臨む態度と進め方です。相手が、交渉を壊すような態度に出てきても、絶対に対抗してはなりません。対抗することによって、自分自身の感情は満足するかもしれませんが、望ましい結果が得られることはほとんどないため、通常、ますます事態は悪くなります。

交渉者は人間であり、一時の感情に駆られて行動したり、よく考えもせずに反応することが珍しくありません。怒りや不安や不満がある場合には、なおさらです。

交渉をするということは、すでに何か対立や利害を調整しなければならない状態である、ということです。人間が対立しているときには、多かれ少なかれ非理性的と言えるでしょう。そうした態度に、どう対処すればいいのでしょう。

人が、理性的な態度で交渉をすることはあまりありません。だからこそ、自分自身は理性的であろうと努力することには意味がある、と考えます。交渉者は、相手の態度がどうであれ、できるだけ毅然とした態度で臨むようにすることが要求されます。

もうひとつ、相手の態度が非理性的であると思ったとき、もしかしたら相手は「別の視点で状況を見ているのかもしれない」と思っていただきたいのです。

対立している場合、双方ともに相手の要求を拒否するのは正当なことだと信じています。私は、相手が非理性的だったり、変わり者だと思ったときにも、まずは相手に寄り添うことにしています。

そうすると、何らかの相手の論理の飛躍や誤認などが見えてきます。つまり、相手の言動や態度の背景にある「肯定的意図」が見えてくるのです。

どんな人でも、行動の背景には、その人なりの肯定的意図があるものです。その肯定的意図を探ることは、相手を理解することにつながるのです。

相手が、変人か変わり者と思ったら、まずは相手の態度や言葉の背景にある肯定的意図を見つけるようにしてください。

ビジネスシーンを例にとると、こんな感じになります。「こんな見積りじゃあ、仕事は出せないよ！」。この場合の肯定的意図は「もう少し、世間並の見積りを出してほしい。あるいは、もう少しこちらの事情を理解してほしい」となるでしょう。

❸ 交渉相手の価値観や文化が違う場合

私が主催している「負けない交渉人ネゴシエーター養成講座」で、必ず出る質問があります。「もともと価値観や文化が違う場合、どのように交渉を進めればいいのか？」というものです。

どんな交渉でも、交渉相手の価値観や信念、関心事、行動規範、ルール、雰囲気などに意識を配ることは交渉の条件です。

そして、それらに応じて、こちらの態度や行動を柔軟に調整（修正）しなければなりません。交渉とは、交渉相手の気持ち（心）を動かすことなのです。

交渉相手の考え方にうまく歩調を合わせることができれば、それだけ合意に漕ぎつける可能性が高まることになります。

たとえば、話の展開のペースが早いか遅いか、形式にこだわるかそうでないか、時間軸の取り方は短期か長期か、成果重視か人間関係重視かなどが挙げられます。これらは、交渉に大きな影響を及ぼす要素です。

しかし現実的には、人間はみな似ていると言えます（同じということではない）。誰もが、人に愛されたいし認められたいと思っており、自尊心を持ち、人から尊敬されたいと願っています。また、人には騙されたくないと思っているし、損はしたくないと思っています。

そこで、価値観や文化の違いより、人間の行動の基盤である欲動を理解するほうが役に立ちます。

1章の3項でも述べましたが、ハーバード・ビジネススクール名誉教授のポール・R・ローレンスと同大学ニティン・ノーリア教授は、「人間には、4種類の欲動がある」と言います。この欲動は、人間の頭脳に先天的に備わっているため、それらがどれくらい満足させられたかによって、感情ひいては行動が、直接左右されると言っています。

各欲動が、どのように作用するのかを見ていきましょう。

(1) 獲得への欲動

人間は、社会的地位などの無形物も含めて、希少なものを手に入れたいと思って行動します。それが満たされれば喜び、満たされなければ不満を感じます。物質的なものだけではなく、愛や思いやり、権利なども対象になります。獲得への欲動は相対的であり、限界がないのが特徴です。常に、自分が所有しているものと相手が所有しているものを比較して、「もっともっと、さらにさらに」と、絶えず欲する傾向があります。交渉の場では、この「獲得」のための論戦が繰り広げられます。

(2) 絆への欲動

一般的に、動物は血族や種族で結束します。しかし、人間は組織やコミュニティ、国民など、より大きな集団へとつながりを広げていきます。絆への欲動は、満たされると愛情や思いやりなどのポジティブな感情を、満たされなければ孤独感など、ネガティブな感情を引き起こします。人間は、より身近な相手や集団を大切にします。そのため、交渉においては、とくに絆を意識しましょう。

(3) 理解への欲動

人間は、自分を取り巻く世界の意味を理解したがります。物事を解明し、自分の行動を明らかにする科学的、論理的、文化的な理論を確立し、世界を説明したいと考えます。多くの人が、他人のことを、世間のことを、政治のことを論じたがるのはこのためです。交渉において、相手は「知りたい」と思っているため、立場ではなく要望、欲求、関心等を相手がわかるように説明しなければなりません。

（4）防衛への欲動

人間は本能的に、自分自身、家族、財産、地位、名誉、友人、価値観、信念を外敵から守ろうとします。防衛への欲動が満たされれば、安心感や信頼感につながり、満たされなければ、恐怖や怒りといった否定的な感情になります。交渉は、お互いに守るべきものを少しずつ譲歩し合う共同作業なのです。こちらが1万円獲得すれば、相手は1万円失うことになるのです。だからこそ、2章の4項で述べたように、分配交渉ではなく統合型交渉に持ち込む必要があるのです。

ここで、異文化間の交渉について少し解説します。

国が違えば、交渉における見方や捉え方、そして流儀が違ってきます。外交交渉の基本は、異文化理解と言えます。異文化間の交渉が困難なのには、いくつかの問題があるからです。言語、そして非言語メッセージ、コミュニケーション、歴史、生活習慣、商習慣、文化的価値、ものの考え方などです。日本人は、なかなか英語が上達しないと言われていますが、単語数の問題でしょうか？　文法の問題でしょうか？　それとも発音の問題でしょうか？　それは、異文化理解を軽視しているからです。とくに、異文化間におけるビジネス交渉において、何を中心に据えるかは国によって異なります。

一般的な交渉プロセスは、次の四つのフェーズから成り立っています。

（1）交流（親密な関係を築き上げるためのコミュニケーション活動）

（2）情報交換（ビジネスに関する情報交換、双方の要求を出し合う）

（3）説得工作（お互いに、説得戦術をもって交渉相手の要望・関心等の利害をつかみ、相手の気持ちを翻そうと努める）

（4）譲歩と合意（お互いに譲歩を繰り返し、小さな合意を積み重ね、合意形成を行なう）

ここで、〝文化の差〟が出てきます。私の個人的見解ですが、日本は、（1）の交流を重んじ、多くの時間をかけます。しかし、アメリカ人は単刀直入に、（3）の説得工作でビジネスの核心に入ろうとします。

日本人は要求を曖昧に伝え、アメリカ人は明確に要求を伝えます。私の体験では、中国人との交渉は、口喧嘩をするぐらいでなければ、対人関係における信頼は生まれません。

交渉は、まず相手を理解するところからはじまります。そのために、相手の文化を知る必要があるのです。

❹ 最初の提案はどちらからするか

日本には、「先手必勝」という言葉があります。そして、先に提案や数字を出す側に立つことが、最高の交渉だと思っている人が少なくありません。しかし、これは誤りです。

人は普通、自分自身の希望価格を決定する前に、利害や選択肢や判断基準について考える時間が必要です。

交渉の頭から提案や数字を出すと、相手は「急かされている」という否定的感情を持ちます。早期に提案をしようとしまいと、交渉者はお互いに早い段階で、自分にとって討議を優位な方法や基準に近づけようとするものです。

価格交渉に際しては、双方の予備知識が多ければ多いほど、どちらが先に数字を出したかによる結果の違いは小さくなるのです。

そのため、どちらが先に提案を出すべきかより、客観的価値基準について十分な知識を持つ方法を学んだほうが意味があるのです。

多くの人は、相手がいい値よりどれだけ下げたかによって、交渉の成功を評価します。たとえ、最初の数字がいい加減、かつ無責任にはじき出されたものであっても、買い手はそれを安く買ったことで満足している場合が多いのです。

実際のところ、そのような人は市場を研究していないため、本当に安く買えたのかどうかを知らないのです。だからこそ、「最初のいい値より少なく支払った」というだけで満足なのです。

このような状況では、売り手は普通、気がとがめることもなく、最高の値段から交渉をはじめるでしょう。あるいは、相手に適正価格と思い込ませることのできる最高値からはじめます。

このような価格を提示する場合、まずその根拠を説明し、それから数字を挙げるべきである、と私は考えています。

相手が気に入らない数字を最初に聞いてしまうと、後から根拠を説明しても、聞く耳を持たなくなるからです。

最初のいい値を、確定的なものとして提示する必要はない、と私は考えています。実のところ、最初に示した数字が確定的だと思わせるほど、値下げをしたときの信用の失墜は大きくなるのです。これは、交渉において最もやってはならないことなので、ご注意ください。

私の場合には、このような感じになります。

「ひとつ考慮すべき要素は、同じようなことに対して、他ではどのくらい支払われているか、ですね……。たとえば、一般的には10万円くらいですね。この金額をどのように思われますか？」

このような提示の仕方は、自分の要求値ではなく、ある基準と数字を、明確に提示しているのです。そして、交渉相手にはその提示金額を考えさせているのです。

重要なことは、戦略として最初の提案はどちらがすべきか？（いい値はどちらがするのか？）

ということを考えることではなく、戦略として最も重要なことは、何はさて置いても準備なのです。準備が万全なら、戦略は自ずと浮かんでくるはずです。

そして、これから臨む交渉に関係のあるいろいろな基準に精通していれば、どの点を討議すべきかも、交渉相手が持ち出すであろう問題点も、自ずと明らかになります。

また、こちら側の利害についてとことん考え抜いておけば、早い段階で言及すべき点、後回しにすべき点、最後まで触れずにおく点など、すべてが明らかになるのです。そして、さらにＢＡＴＮＡを準備しておけば、いつ交渉の席から立つべきかも自然にわかります。

つまり、準備を十分にしておくことは、交渉の全容が見えるということなのです。どんな立派な戦略を立てるよりも、確実な準備が交渉を成功させるのです。

プロの交渉人は、森の中の特定の道を辿る計画を立てるより、全体的地形を知ることのほうがはるかに有益だと考えるのです。

❺ 立場（力）の強い相手とはどのように交渉すればいいのか

私たちが交渉をするとき、相手の企業規模が大きいと、一般的には負けてしまう場合が多いのが現実です。これを、パワーバランス、ポジション・パワーの問題と言います。

大企業は、業者に対して強い立場にあります。一般論で言えば、大企業は強者で、中小零細企業は弱者と言えます。

交渉の世界では、勝ち負けはないと言いながら、現実的には、経済力や政治力のある大企業の持つ固有の力が大きく、勝ち組と負け組が生まれているのが現実です。

また、大企業は交渉戦略においても、財力・人力・情報力などの経営資源を豊富に有しています。このため、交渉のポジショニングはきわめて強い状態にあります。

しかし、企業規模が大きく、経営資源が豊富というだけで市場競争に勝つ、あるいは交渉を有利に進めることが１００パーセント可能という保証はないのです。

大企業が持っている市場競争力は、「商品」についてのものであり、交渉は「特定の対象課題」についてのものです。こうした点から、大企業は常に勝てるという存在ではありません。

では、弱者はどのように交渉をすればいいのでしょうか？　交渉を成功させるには、相手との関係において、有利な「状態」を創り出すことが必要です。

弱者は、強者に対する〝固有の力〟は小さいものです。であれば、固有の力を大きくすることはできないのでしょうか。

たとえば、世論など第三者の力を借りてくる、公の資料を使う、人脈を使う、調停者を使う、交渉代理人を立てるなど、いくつかの方法があります。

そして、交渉方法を駆使してできることもあります。ひとつは、受け入れがたい相手の要求に対して、合意を押しつけられないようにすること。そしてもうひとつは、こちらの利害を満足させるように、手持ちのカードをうまく活用することです。

自分自身を守る。つまり勝ちにいくのではなく、〝負けない交渉〟をするのだと割り切るのです。

具体的には、前もって受け入れることができる最悪の結果、つまりギリギリ譲歩できる線をあらかじめ決めておくことが必要で、物を売る場合には「売値の最低額」、物を買う場合には「買値の最高額」を決めておくことです。

このギリギリの線を決めておけば、相手の圧力に屈することなく、冷静かつ客観的に交渉を進めることができます。その結果、後から後悔するような決定をしないですむのです。

しかし、このギリギリの線を決めた場合においても、問題は残ります。極端に不利な合意は避けることができるが、納得のいく解決策を妨げる可能性があります。

それでは、ギリギリの線以外に、拒否すべきものを受け入れ、受け入れるべきものを拒否してしまうことを防ぐ交渉方法はないのでしょうか。

交渉が決裂した場合の、あらゆる可能性を考えに入れて、最良と思えるＢＡＴＮＡを選び、それを今までに相手から受けた提案と比べてみます。そして、よりよい条件でなければ交渉を中止します。

交渉をする理由は、交渉をしない場合より、いくらかでもいい結果を生むためです。ＢＡＴＮＡ、つまり交渉による合意が成立しないとき、それに代わる最良の案は何か、ということです。

そのＢＡＴＮＡは、交渉相手から提案される合意案を検討するうえでひとつの目安になるだけでなく、あまりにも不都合な条件を受け入れることを防ぎ、また有利な条件を拒否してしまうことを防ぐ、唯一の基準になります。

合意に達しない場合にはどうするのか、ということを、あらかじめ考えない交渉者は素人です。つまり、交渉を楽観的に考えて、話せば、何とか合意は形成されるだろうと思い込んでいるのです。

ましてや、交渉が決裂した結果起こるかも知れない訴訟、裁判、その他さまざまな苦痛を、十分に認識していない場合が多いのです。

まず、交渉をしてみて様子を見よう。うまくいかなければ、そのときに考えよう――組織の中で交渉者を選ぶとき、このような考えを持つ者に交渉を任せてはなりません。

もうひとつ危険なことは、交渉をはじめたら、「必ず合意しなければならない」という強迫観念にかられて、自分自身を追い込んでしまうことです。

ＢＡＴＮＡを準備しないということは、素手で戦うようなものです。もし負けなければ、それは運がよかっただけであり、逆にしっかりと準備していれば、決して交渉で負けることはない、と断言することができます。

交渉力とは、組織力や政治力、人脈や財力といったものに左右されると思われがちですが、実際には交渉当事者の相対的交渉力は、どちらが、「交渉が決裂してもかまわない」と思っているか、によります。

つまり、交渉力とは交渉対象課題に対する「依存度」によるということです。依存度が高くなれば交渉力が下がり、依存度が下がれば交渉力は上がるのです。

ある木彫り職人が、土産物のトレーを作って売っているとしましょう。そこへ、金持ちの観光客が来て価格交渉をはじめました。

木彫り職人は、生活ができるだけの売上げは確保できるという自信があります。そのため、この金持ちの価格交渉の要求には応じません。価格を下げなくても、他の誰かが買ってくれると確信しているからです。

このお客は財力があり、地位も名誉も人脈もあるかもしれませんが、この木彫り職人のように、売りたいという「依存度」が低ければ、いくら地位や財力、人脈があろうと、相手に要求を飲ませることはできないのです。

この場合、金持ちの観光客は木彫り職人に勝てないのです。このように、交渉力はときと場合によっては、まったく機能しなくなるのです。

ＢＡＴＮＡを用意しておくことは、受け入れ得る最低の条件を決めることができるだけでなく、その最低線を引き上げる可能性も出てきます。ＢＡＴＮＡを発展させることは、見るからに強力な相手と交渉するときに取り得る、最も効果的な方法と言えます。

このＢＡＴＮＡと依存度を低く見せることを実践すれば、交渉には絶対に負けない、と言っていでしょう。

❻ 相手が脅してきたら

交渉を行なっていると、いろいろな手口を経験します。嘘、騙し、脅し、圧力、突け込み、揚げ足取りや、最終合意のタイミングでいきなり要求変更をされるなど、さまざまです。

これらの手口の目的は、原則に基づかない闘いによって要求を通し、何らかの利益をあげることです。このような卑劣な戦術を、「計略的駆け引き型交渉」と呼びます。

一般的に、多くの人はこのような卑劣な戦術に対して、我慢して交渉を続けます。あるいは、「波風を立てずにこちらが大人になればいい」と考えます。相手がどのような出方をしてきても、こちらが少し我慢して譲歩しておけば、相手は納得するだろうという「丸く治める」という発想です。

もうひとつの対応は、相手と同じ手口で応戦する方法です。たとえば、相手が極端に高い数字を要求してきたら、こちらは極端に低い数字で応えます。相手が脅迫してきたら、こちらも脅迫で応じます。相手が圧力をかけてきたら、こちらも圧力をかけます。お互いに、このような戦術を取ると交渉決裂ということになります。私はこれを、〝山彦型戦術〟と呼んでいます。

こうした計略的な戦術は片方、あるいは双方ともに不快感が残り、正当性を欠くものです。

もちろん、期待する利益を獲得することもできません。

一方的な要求に対する有効な対応方法は、その提案が反映している原則の正当性を検討することです。

計略的駆け引き型交渉は、本来の交渉の正当な手続き、すなわち知的相互理解に基づくｗｉｎ－ｗｉｎ双方満足の対話ではなく、一方的な押しつけです。

したがって、このような戦術に対応するには、まず交渉の進め方について、原則に基づいて交渉をする必要があります。

まず、交渉中に相手の戦術を見極めます。そして、その問題（脅しや騙し）を取り上げます。

さらに、そのような戦術が正当かどうかを検討します。

つまり、相手の戦術が正当でないと確信したら、その戦術について相手にそのことを伝えるのです。

たとえば、相手が脅しをかけてくるのは、こちらの交渉意識（戦闘意識）を失わせようとしているのです。あるいは、怖がらせて冷静な判断力を失わせようとしているのかもしれません。

相手の思惑がわかってしまえば、何でもないことなのです。

相手の手口がわかったら、次にそれを相手に率直に伝えます。

ここで、ハード・クレーマーとの交渉を依頼されたときの事例をご紹介しましょう。

これは、化粧品メーカーのクレーム対応を、私が引き受けたケースです。

相手はハードクレーマー（明らかに金銭目的）の女性とそのご主人でした。こちら側は、私が交渉人、そしてメーカーの主任と課長が同席しました。

「お客様、これは私の誤解かもしれませんが、奥様は嫌われ役でご主人は好かれ役を演じておられるような気がします。お2人の間に、相当な意見の食い違いがあるようですが、もしそうであれば、少し時間を取って意見の調整をされてはいかがでしょうか」と伝えました。

もうお気づきですね。奥様がヒステリックに暴言を吐き、ご主人が「そんなに強く責めなくてもメーカーさんは誠意を示してくれるのだから……」と奥様をなだめたり、口の訊き方などを注意します。よくある戦術です。裏の世界の人間は、この戦術をよく使います。

このように、面と向かって話せば、相手の戦術の効果は一瞬にして消えてしまいます。相手も、交渉決裂になっては元も子もなくなるため、その戦術を用いることをやめるはずです。

このように、真正面から相手の戦術について話す狙いは、交渉の進め方を話し合うことにあります。相手は〝交渉の素人〟です。交渉を知らないため、すぐに計略的、力ずくで攻めてきます。交渉には、交渉の手続きというものがあり、またルールというものがあります。このルールや手続きが守られなければ、いとも簡単に喧嘩になります。

単なる殴り合いでも、手続きやルールを守れば楽しいスポーツになります。

交渉とは、双方の対立や利害の調整を対話によって行なうものであり、本来双方が満足を得るといった、すばらしい目的をもった社会的行為なのです。

最後に、脅迫についてお話ししておきましょう。脅迫は、交渉において最も乱用されてきた戦術です（脅迫は、裏の世界の人間だけでなく、一般組織の人間も使っている）。脅迫することは簡単です。熟考して提案するより、はるかに優しい手段に見えます。

しかし、脅迫戦術には友好関係は存在しません。脅迫は圧力であり、圧力は反発を招くだけです。そのため、合意形成することはかえって難しくなります。

某販売会社の経営人と組合の間で、この脅迫が行なわれていました。外圧に対しては、個人であれ組織であれ、不当な企てに対しては抵抗することを選びます。

この組合は、「経営者側は勝ち目がないため、われわれを脅迫した」とマスコミに訴え、裁判となりました。

交渉は、戦うことではなく、お互いの要求と譲歩を調整し、お互いに満足のいく利益を得る共同作業だということを忘れてはなりません。

相手の脅しや脅迫戦術に対しては、毅然とした態度を取ることが肝要です。

❼ 相手がまったく譲歩をしないとき

自分の立場に固執して、要求を強引に押してくる相手がいます。彼らは、一歩も引かないといった態度で臨んできます。社会では、この手の戦術は一般的であり、驚くにあたりません。

このような戦術を使ってくる相手は、決まって何の準備もしていないからです。つまり交渉が、対立やお互いの利益を調整する手段であると考えていないのです。

そのため、何を要求するかを決めるだけで、どのように相手に理解納得させるかを準備をしていないため、交渉領域も交渉可能領域も幅がなく、要求が固定化しています。

私の交渉は、これとは対照的に、**お互いの立場の背景にある利害を探り、お互いに利益を得る選択肢を複数用意し、客観的基準を用いて交渉を進めるという骨の折れる仕事です。**

しかし、この方法が唯一、双方によりよい結果がもたらされることは明白です。

問題は、さらに交渉の努力をする必要があるか、あるいは価値があるか、です。

交渉で得たい対象利益にどの程度依存しているか、がさらなる努力が必要か否かを決めます。

依存度が高いのであれば、さらなる努力が必要です。

立場での交渉は譲歩がないため、すぐに暗礁に乗り上げます。

立場交渉で、有名なお話をご紹介しましょう。

図書館で、2人の男が言い争っています。1人は窓を開けたい。もう1人は窓を閉めたい。2人は「空ける、閉める」とずっと並行線です。そこへ図書館員が入ってきました。彼女は、一方の男性に「なぜ、窓を開けたいのか」をたずねました。

すると男性は、「新鮮な空気がほしいから」と答えました。そして、もう一方の男性には、「なぜ、閉めたいのか」をたずねました。

するともう一方の男性は、「風が入ってくると、本がめくれて集中して読めない」と答えました。図書館員は少し考えてから、隣の部屋の窓を開けました。こうして、風に当たることなく新鮮な空気を入れることができて、2人の男は満足しました。

この話は、一般的によくある交渉の典型的な例です。問題は、お互いに立場の食い違いで真っ向から対立しているように見えることです。

したがって、どちらかの立場を採用しなければならないように思われます。その結果、お互いに譲歩せず行き詰ってしまうのです。

もし、図書館員が「開けるか閉めるか」といった、表面的なものに気を取られていたらどうでしょう。

せいぜい、間を取って30分開けて30分閉める、これを繰り返すことぐらいしか解決策は見出せなかったはずです。素人交渉でよく見かける、間を取ってとか、半分ずつといった解決策です。一見民主的ですが、双方の満足は得られません。

交渉における基本的な問題は、表面的な立場の対立ではなく、その背後にある双方の要望、欲求、関心など、つまり「利害」であり立場の動機なのです。

立場とは、本人の利害に関する結論であり、結論を変える、あるいは譲歩するには、背後の要望や関心といった利害に焦点を当てなければ、交渉は成功しません。

立場の背後にある真の利害を探ろうとするときに注意すべきことは、人間の基本的欲求（安全・安心・安定）です。もし、この欲求を満たすことができたら、合意形成が容易になります。

たとえば、離婚の際の養育費の交渉において、金銭以外の利害が関わってくるとします。養育費として1ヶ月20万円を要求する妻は、本当は何を望んでいるのでしょうか。もちろん、経済的ゆとりを望んでいるのでしょう。しかし、それだけではないはずです。

彼女は、自分のことを理解してほしかったからだと思われます。自分が大切に扱われているということを納得するためと、心理的な安心感を得たかったため、その額を要求したのではないでしょうか。20万円の要求は「自分自身の立場」です。このように、背後にある要望や関心を探りましょう。

このことは、個人レベルだけでなく、組織や国についても言えることです。交渉は、相手が自分の基本的欲求を満たされることによって進展するのです。

相手の、一見立場に固執した交渉の場合にも、相手の要望や関心といった、相手の立場の背後を探る労を惜しまなければ、相手の譲歩は期待できるのです。

実際に、相手の立場の背後にある要望や関心といった利害を探すには、**相手の要求に対して、「どうしてですか？」と訊いてください**。この質問を何度か続けると、相手の真の要望や関心といった本心が聞こえてきます。

お互いの利害を知らずに、立場だけで交渉しても行き詰るだけです。利害について話し合えば、それだけ合意は形成されやすくなります。まずは、自分の立場の背後にある利害を、相手にきちんと説明することからはじめてください。

5章

交渉に必要な五つのスキル

❶ win-winの問題解決力

前述の通り、交渉は勝ち負けを競うものでもなければ、自分だけが利益を獲得すればいいというものでもありません。

交渉とは、双方の願望や関心事を、お互いが問題解決者として、課題や問題を解決していくための協同作業です。そして、双方が満足するwin－winの状態で終結しなければならないのです。

１章でも述べたように、交渉力とは問題解決力のことと言っても過言ではありません。加えて、この問題解決力には条件があります。「win－winの問題解決力でなければならない」ということです。これは、交渉の前提として、ぜひ心に留めておいていただきたいことです。

交渉を成功させるために、最も求められる力とは、問題解決能力です。問題解決能力とは、自分の頭で考えたことを、正確に相手の頭の中に映し出すことです。

そして、相手を論理的に納得させて感情的に心を動かし、お互いに満足できる形で、双方の問題を解決するように行動することです。

ですから、問題解決力を手に入れると、家族や友人とのプライベートな問題から、ビジネスの問題まで広範囲に役立つのです。

私の「負けないネゴシエーター養成講座」のカリキュラムでも、問題解決能力を中心に据えています。そして、立場の背後にある問題発見と問題解決を双方で探ることが中心課題になります。

そもそも、問題とは何でしょうか？

ひと言で、問題とは何かと聞かれれば、理想と現実のギャップと言えるでしょう。

ここで、理想と現実を少し掘り下げて考えてみましょう。

まず、求める理想的な状況や状態とはどのようなものでしょうか？

ビジネスで言うところの目標設定です。

私が主催する「マネージャーのためのセミナー」の中で、たびたび目標設定の仕方と達成の方法が出てきますが、多くの受講生の共通の問題は「目標が明確ではない」ということです。何を手に入れたいのか？　どんな状態になりたいのか？　目標達成ができないと嘆いている人の多くは、目標自体が曖昧なのです。

目標が曖昧だから、それを達成するための戦略が立てられない。戦略が立てられないと戦術が決まらない。戦術が決まらないと、誰に何を任せればいいのかがわからないのです。いわゆる職務分掌です。これでは、目標に向かって取るべき行動がわかりません。

また、私が企業コンサルティングの仕事をお受けするときには、最初に、何を手に入れたいのか、どんな状態になりたいのか、をお訊きします。

驚くことに、ほとんどの担当者（上級管理職）は、明確に目標を描くことができていません。

そして、私の質問に窮するのです。

その反面、現在の不満や問題（現象）については、事例を中心に多くを語ります。

つまり、問題（現象）には気づいているのですが、どうなりたいのか、何を手に入れたいのかが不明瞭なのです。

理想（目標）をきちんとイメージできているかどうかによって、交渉の進め方が大きく異なってくるのです。

では次に、現状を掘り下げてみましょう。これもまた、個人でも企業でも、現状を正確に把握している方は稀です。

私が、企業コンサルティングをするときにも、膨大な情報を収集し、問題（現象）の「原因」を探り、その断片的な情報を整理して「現状」を割り出すのです。

企業の担当者は、問題（現象）には気づいているのですが、その問題を包含する全体の状態、つまり「現状」を把握していないのです。

現状を把握することは、決して簡単なことではありませんが、交渉の場では、自分の現状はもちろん、相手の現状を正しく理解しなければなりません。

そのためには、訊く力（質問力）が求められます。そして訊く前には、相手が胸襟を開いて話してくれる状態や相互関係（信頼関係）を作っておく必要があります。

❷ 相手の意思を尊重し、相手の協力を得る説得力

あなたは、「説得」という言葉をどのように捉えているでしょうか。交渉と同様、説得も人それぞれで捉え方が異なるでしょう。私は、次のように定義します。

「説得とは、対話を通して相手の意思を尊重しつつ相手の考えや態度、そして行動を変える試み」

この定義を、説得される側から見るとこのようになります。

「説得とは、対話を通して自分の意思を制約されないで、自分の態度やそして行動を変えるように求められること」

つまり、「説得される」とは、「自分が納得すること」なのです。そして納得するとは、論理的に理解し（理性で理解）、感情が満足な状態で、自分の考えや行動が変わることなのです。

説得の目的は、相手の態度や考え、そして意志決定を変えることです。

交渉は、要求と譲歩の繰り返しです。要求とは、相手の態度や考え、意志決定を変える試みであり、要求の手段として説得を行なうのです。先に述べた通り、説得で最も大切なことは、「相手の意思を尊重しつつ……」ということです。

説得される側は、相手の説得を受け入れるかどうかを判定するために、次のような説得の評

価をしています。

①**論理的かどうか。**つまり、社会的に見てどうか、公平性は担保されているか、公正な基準に基づいているか、利害得失に関してはどうか、損得はどうか、などです。

②**感情が満足かどうか。**つまり、相手の誠意が感じられるかどうか、こちらの価値観や信念が受け入れられているかどうか、こちらの自律性が尊重されているかどうか、こちらのステータスが認められているかどうか、こちらの役割が理解されているかどうか、などです。

これらが適切に満たされているかを、次の三つの基準で判断することができます。

1　公平かどうか

公平な扱いを受けるとは、社会通念に照らして、同じような状況において同じような扱いを受けるということです。自分と似たような状況にある者が受ける扱いと同じような扱いを受ければ、公平と感じることになります。

2　正直かどうか

正直な扱いを受けるとは、「自分に伝えられていることが真実であるということ」です。私たちは、自分自身を守るために「疑う」という武器を持っています。相手がこの武器を一度でも使うと、その後の交渉はきわめて難しくなります。

3　現在の状況に合っているかどうか

誰でもいつでもどんな状況でも、常に自分の願望が満たされるのを期待することは無理です。

相手にも願望があり、立場によって常識も変わり、また場所が変われば基準が異なるからです。着眼点は、現在の状況に合っているかどうか、ということです。

さらにもうひとつ、相手の説得を受け入れるかどうかを判定するために、「自分自身に対する意志決定の正当化」があります。

論理的（理性的）にも感情的（非理性的）にも、説得を受け入れようと思っても、さらに不安が残るものです。そして心の中で、「本当に、これでいいのだろうか。損をしているのではないだろうか。判断は間違っていないだろうか」と呟くのです。

基本的には、自分の利益については、満足度が最も重要な判断基準となりますが、前述のように不安が残るのが現実です。

そのため、交渉の最終段階においては、自分の意思決定が間違っていないかどうかを裏づける情報を集めようとします。

たとえば、営業の最終段階「クロージング」において、営業マンとしては、説明すべきことはすべて説明し、お客様はすべてに納得しているはずなのに、契約にまで至らないケースがあります。

お客様は、「お客様の意思決定の正当化」のステージにいるのです。営業マンは、「どうして、契約してくれないのだろう」と考えるのではなく、お客様の意思決定の正当化のお手伝いをしなければならないのです。正当化の手助けになるような資料などを準備すると、説得力がさらに増します。

次に、説得の留意点をお伝えします。説得をするときに、説得を受ける側から信頼を得ることが前提条件になります。

では、信頼とは何でしょうか。相手を信頼するには、三つの条件を満たす必要があります。人間性と知識と技術（スキル）です。

交渉をはじめた直後から、善人ぶって信頼を得ようとするのではなく、自分自身の人間性をアピールし、知識や技術の専門性の情報を、意図的に相手に伝えていくことが大切です。

説得する内容にどれだけ精通しているかは、説得に大きな影響力を与えます。私の主催する「負けないネゴシエーター養成講座」の受講生は、私が交渉に関して精通していると思うからこそ、私の話を聞いてくれるのです。税金のことは税理士に、法律のことは弁護士に、病気のことは医師に聞きます。専門家の説得は、誰でも受け入れやすいものです。

そして、さらに相手を認めることです。相手を認めるとは、相手に同意することではありません。相手のいかなる考えや行動にも、相手なりの「肯定的意図」がある、と受け止めることなのです。そして、相手に敬意を持って、礼儀正しく真摯に応対することです。

❸ 客観的要因分析力でお互いに満足を得る

交渉者に求められるスキルのひとつに、物事を客観的に分析するスキルがあります。双方が、ｗｉｎ－ｗｉｎで合意を形成するためには、客観的原因と交渉者の個人的感情を分離することが必要です。

交渉者は交渉決裂、あるいは交渉中断の原因が、客観的原因ではなく、相手側の交渉者の問題である、と短絡的な判断をしているケースが少なくありません。

たとえば、「相手の頭が固かった。相手の性格が悪かった。相手が感情的だった。相手が人間的に未熟だった」などです。

このように、問題と人間性の問題をひとつとして捉える交渉は、問題の本質を読めなくするだけでなく、交渉から何も学ぶことができません。

これをわきまえた交渉者は、交渉課題（問題）と交渉対象者を区別して分析します。そして、客観的な原因分析をして、双方が満足を得られるｗｉｎ－ｗｉｎの問題解決を行なうのです。つまり、双方が利益を得られるように条件を見つけ出すのです。これによって、異なる利害を持つ双方に信頼関係が生まれることになるのです。

そのためには、相手の立場、願望、関心事を正しく聞き、そして理解することが絶対条件になります。しかし、それらを正しく理解するのは難しいことです。

多くの交渉者は、相手を理解しようとしないからです。理解するということは、自分が譲歩しなければならなくなると思い込んでいるからです。

しかし、これは間違いです。正しく現状を知って分析し、対策を講じなければなりません。

では、相手の立場、願望、関心事などを正しく理解するには、どのようにすればいいのでしょうか。

まずは、正しく聴くことです。そのためには、相手の話の構造をマッピングする方法（相手の話の可視化）があります。

その手順は、次のようになります。
①交渉相手の話を聴きながら、キーワードを7から10個程度を書き留める。
②それぞれのキーワードを、矢印（直線ではなく曲線）でつなぐ。
これにより、キーワード間の相互影響を明らかにし、話の流れをつかむことができます。

なお、交渉相手が話し終えたら、その図をくわしく検討し、キーワードをチェックしてください。そして交渉相手に、聞き逃した重要なキーワードがないかを確認して、もしあれば加筆してください。
③最後に、ループ図（相手の話の可視化）を使いながら、相手の言いたいことを正しく受け止めているかどうかを相手に確認する。

このプロセスは、相手に安心感と信頼感を与えるのに大きな効果があります。相手の交渉者は、「私を理解しようとしている。私を正しく理解している」と感じるからです。

次に、分析はどのようにするのでしょうか。分析の基本は分けることです。どんなに大きくて難解な問題も、小さく分けて考えると解けるものです。

この方法は、私が経営コンサルタントの道具としていつも使っているやり方です。

前述のように、相手の話の構造をマッピングし、全体を客観的に見ます。そして、問題を要素に分解します（問題を小分けする。たとえば、品質やニーズや価格など）。そして、異なる視点を整理し組み合わせて考え、アイデアを組み立てていくのです。この作業で役に立つのが、A・F・オズボーンの発散発想技法です。

本来、この技法はアイデアが浮かばないときに、発想する切り口として利用するためのチェックリストです。

簡単にご説明しましょう。

転用：他に使い道はないか？

応用：他からアイデアが借りられないか？

変更：変えてみたらどうか？

拡大：大きくしてみたらどうか？

縮小：小さくしてみたらどうか？
代用：他のもので代用できないか？
置換：入れ替えてみたらどうか？
逆転：逆にしてみたらどうか？
結合：組み合わせてみたらどうか？

その他の発散発想技法として、「属性列挙法」「特性要因図」「ＫＪ法」などもお勧めです。

経営コンサルタントが、柔軟な思考ができるように見えるのは、このような思考のフレームを持っているからなのです。これらは、交渉の問題分析には非常に役に立つ道具になるはずです。

❹ 信頼される人間関係力

交渉者に求められる能力に、人間関係力があります。しかし、多くの交渉者は攻める術やテクニックばかりを学び、一方的に要求を勝ち取ろうとする傾向があります。つまり、前述のｗｉｎ－ｗｉｎの原則から大きく外れているのです。

交渉とは対立を解消し、双方の望む利益を調整しながら、お互いの願望や関心事を叶えるための協働作業です。

だからこそ、交渉者には「人間関係力」が求められるのです。このように、交渉における人間関係力とは、問題解決者として交渉相手との協力関係を築くことなのです。

人は、同じ話でも、誰がそれを言ったかによって、信頼するかどうかを決めています。たとえば、あなたが信頼している人が言ったことであれば、「あの人が言うのだから、そうなのだろう」と思ってしまうことがあります。

つまりこの場合、あなたとその人の間に、信頼に基づいた人間関係（協力関係）が存在していると言えます。信頼とは、二つの期待です。ひとつは人間性の期待であり、二つ目は誠実さが感じられるかどうかです。

そしてもうひとつは、専門的な技術とスキルです。人に何かを任せるとき、信頼がなければ任せることはできません。つまり、誠実さと専門性が担保されないと、人は信頼されないわけです。

すでに、人間関係が培われている相手との交渉であれば問題はありませんが、信頼関係のない相手との交渉の場合、交渉のプロセスの中で人間関係を創り上げていかなければなりません。そのためには、どうすればいいのでしょうか。

人は、初対面の相手に対しては、自己防衛の立場から警戒をします。それが交渉の場であれば、なおさらです。

もしあなたが、初対面の相手と交渉をする場合、この相手はどんな人間で、どのような価値観や信念の持ち主なのだろう、自分にとって戦う対象なのだろうか、それとも避けなければならないような対象なのだろうか、あるいはじっと静観の構えでいたほうがいい相手なのだろうかなど、考えれば考えるほど不安が募り、そして警戒レベルが上がっていきます。

交渉にはプロセスがあります。コミュニケーション→交渉→説得→合意形成といった第一フェーズのコミュニケーションは、お互いの信頼関係を築くステージです。

そして、次の交渉や説得のための情報収集をする重要なステージでもあります。

まずは、第一印象をクリアしましょう。服装や身だしなみはもちろん、言葉遣いには十分な注意が必要です。

具体的には、服装は基本的にはフォーマルスーツ、ワイシャツは無地の白・グレー・ブルーなど、清潔感のあるものがいいでしょう。私の場合は、常に濃紺のスーツに、真っ白なワイシャツを着用して交渉に臨みます。

言葉遣いに関しては、敬語を多用する方が多いようです。しかし私は、交渉相手が誰だろうと、徹底的に「丁寧語」を使っています。

その理由は、丁寧語のほうが相手の「心」に届くからです。一方、敬語は相手の頭（論理）にしか届きません。また、できるだけ固い言葉は避けるようにしています。

たとえば、「最近、横浜に転居いたしました」ではなく、「最近、横浜に引っ越しました」と言います。そして、話の展開はＰＲＥＰ法を使います。ＰＲＥＰ法とは、次の言葉の頭文字です。

P（POINT）：結論
R（REASON）：理由
E（EXAMPLE）：事例、具体例
P（POINT）：結論を繰り返す

たとえば、このような感じになります。

P：私はバナナが好きです。
R：なぜなら、おいしいし、それにカロリーが高くて消化がいいからです。
E：たとえば、トライアスロンで選手がレース中に食べることもあるそうです。
P：だから、私はバナナが好きなのです。

実際には、ＰＲＥＰをそのまま使わなくても、ＰＲＥ法でも結構です。
たとえば、このような感じになります。

P：私はバナナが好きです。
R：なぜなら、おいしいし、それにカロリーが高くて消化がいいからです。
E：たとえば、トライアスロンで選手がレース中に食べることもあるそうです。

ＰＲＥＰ法のよいところは、理論的で聴き手にとってわかりやすいことです。相手が、頭の中で整理しなくてもいいからです。つまりＰＲＥＰ法は、相手に配慮した話し方と言えるでしょう。

そして、コミュニケーションの次のフェーズ、交渉や説得においては、次のような配慮が必要です。

自分の利益だけでなく、相手の利益も考えたうえで、意志決定を行なわなければなりません。そのためには、「誠意」をもって相手の立場やその背後にある願望や関心事を「訊き」、そして相手の話を「聴き」、さらに自分がどのように相手の話を理解したかを「確認」することが、非常に重要になります。

相手に誠意を感じていただくためには、次の六つの留意点があります。

①正直であること
②相手の話をよく聴くこと
③前向きな態度で臨むこと
④熱心に聴き話すこと
⑤礼儀正しい態度をとること
⑥礼儀正しい言葉を使うこと

❺ 人間性（真摯さ）

交渉は、「人間」対「人間」の対立や利害に対する営みです。だからこそ、人間性が交渉の展開に与える影響は大きいのです。ここでの人間性とは、単に優しい、親切、思いやりがあるといった一般的なことではなく、「交渉者に求められる、問題解決者としての人間性」と定めます。

これは、自分とは異なる意見にでも耳を傾け（傾聴）、対立の本質を見きわめ（原因）、物事をまとめる能力を持ち、そして問題解決力を備えた人です。

たとえば、交渉の課題（内容）に関する知識や技術、そして経験を有する人。自分の責任についてコミットメントできる人、真摯な人、尊敬できる人、といったイメージです。

交渉において最も重要なことは、いかにしてお互いの意見の対立や利害の調整を図るか、という点につきます。この対立する利害の調整は、そう簡単なことではありません。

そこで、交渉者に求められる基本的な条件を見てみましょう。力でぐいぐい引っ張っていくタイプと、自分の結論は言わずに相手の意見に耳を傾け、相手の判断を尊重するタイプ。もちろん、どちらにも当てはまらないタイプもいるでしょう。

では、どのタイプが交渉者に相応しいのでしょうか。問題解決においては、どのタイプとは言えません。しかし、問題解決にあたって、どのタイプの交渉者にも求められる「基本的な条件」があります。それは、「誠実さ」と「真摯さ」です。

この基本的条件を備えた人は、相手の話をよく聞き、立場の背後にある願望や関心事を理解することができるのです。つまり、問題の本質を客観的に捉え、忍耐力をもって問題解決に努力する強い意志を備えた人なのです。

交渉者は、ただ優しいだけでは務まりません。強くなければなりません。さらに言うと、交渉者は〝戦略家〟でなければなりません（プロの場合は絶対条件）。

ここで、少し戦略についてご説明しましょう。

〝戦略〟とは、もともと軍事用語でしたが、今では広くビジネス用語として浸透しています。戦略の本来の意味は、戦争に勝つために、戦場に到達するまでの段階で用いる計画でした。これに対して、戦場に部隊を送り込んだ後の段階は〝戦術〟となります。

どの企業でも、まず目的を持ち、目的に向けて目標を設定します。さらに、目標を達成するための計画を立てます。これが戦略です。

具体的には、自社や競合相手の能力や資源、そして自社や競合相手を取り巻く外的要因を評価します。

この評価に基づいて、目標（単年度、中期、長期）を設定します。この目標を達成するための計画が戦略です。

戦略は、目標達成のためにあらゆる経営資源（人・物・金・情報）を効果的に分配し実行に移します。

交渉にも、目的があり目標があります。そして、目標を達成するために戦略や戦術が存在します。

そのため、交渉者は戦略家でなければならないのです。不思議なことに、目標はあるのに、戦略や戦術を持たない交渉者が多いのです。これでは、望む成果を得ることはできません。

戦略家の交渉者は、置かれた状況の下で正確で必要な情報を収集し、その情報に基づいて客観的に状況を分析し、その状況を勘案し、代替案（選択肢）の中から最適な選択をする人です。これらは、少しハードルが高く感じられるかもしれませんが、努力すれば誰でもできます。

以上をまとめると、交渉者に求められる人間性とは、強いリーダーシップを発揮できることです。具体的には、真摯であること、異なる意見の肯定的意図を汲み取ること、客観的な分析力があること、責任をコミットメントできること、危機管理能力があること、交渉対象（内容）に精通していること、などが挙げられます。

6章

交渉に負けないためのテクニック

❶ なぜ、交渉に負けるのか？

私はこれまで、交渉は〝勝ち負け〟ではなく、「対立や利害の調整を双方が問題解決者として、お互いに満足できる状態を創り出すプロセスである」と言ってきました。

しかし、現実には多くの交渉者が、交渉を〝勝ち負け〟と捉えています。いかに自分の要求を通し、相手に譲歩させるかに意識を集中させ、そのための一方的な説得テクニックの研究に余念がないのです。

そのような交渉は、一時的に勝利を勝ち取ることができるかもしれませんが、長期的に見た場合、失うものが大きいのです。最も大きな損失は「信頼」です。信頼を失うということは社会性を失うことであり、プライベートでもビジネスでも外交でも、生きる道を険しいものにしてしまいます。

あなたの交渉相手が、原則立脚型の交渉者であれば、あなたは負けることなく、ｗｉｎ－ｗｉｎでの合意形成が可能になるでしょう。しかし、交渉相手が自分の要求を通し、あなたに一方的な譲歩を迫る、説得テクニックの研究に余念がない相手であれば、あなたは負けてしまうかもしれません。

では、なぜ負けるのでしょうか。負けるには、さまざまな原因が考えられます。その原因を考えてみましょう。

まず、前述した交渉スタイルを思い出してください。交渉には、三つのスタイルがありました。ソフト型交渉とハード型交渉、そして原則立脚型交渉です。

ハード型とハード型が交渉する場合は、双方が自身の立場を強く主張し、その結果、交渉決裂となる場合が多く、あるいは、片方がハード型とソフト型の中間路線を選択し、最後にはハード型を貫いたほうが勝ちます。

プライベートでもビジネスでも、はたまた外交においても、ソフト型とハード型が交渉をする場合は、勝ち負けが発生している場合が多く、ソフト型が終始劣勢にまわり、最後には負けています。

このことから、交渉に負ける原因は、ソフト型交渉そのものにあると言えます。

たとえば、駆け引きハード型交渉者は強硬な立場をとり、自分の立場を変えず、相手を疑って敵対者と見なし、そして勝利を交渉の目的とし、相手に合意を迫ります。

これに対して、ソフト型交渉者は衝突を避け、相手を友人と見なし、双方が合意することの必要性を強調します。ソフト型の行動方式は、相手を信頼し、あくまでも友好的にふるまい、衝突を避け、場合によっては柔軟に相手に譲歩します。

ソフト型は、関係性に重点を置いています。その結果、合意の可能性が高まります。しかし、関係第一主義の交渉は相手に突け込まれやすく、結果として賢明でない合意を余儀なくされます。いわゆる負けです。

相手の強硬なハード型交渉に対して、ソフト型で応じていたら完敗間違いなしでしょう。ハード型交渉者は、あなたを敵として見ています。そして勝利にこだわり、友好関係は求めず、一方的にあなたに譲歩を迫ります。決して自分の立場を変えることはなく、ときにはあなたに圧力をかけて脅してきます。

このような交渉相手に、ソフト型で応じていたら得るものは何もなく、交渉をする本来の意味がなくなります。交渉の本来の意味は、交渉を行なわない場合より、行なったほうが利益が大きくなる、ということです。

負けないためには、あなたには別のやり方があります。ソフト型を取るのでもなければハード型を取るのでもなく、ハード型とソフト型の中間を取るのでもありません。すでにお伝えした、「原則立脚型交渉」です。

原則立脚型の戦術は次の通りです。

交渉者を問題解決者と位置づけ、交渉の目的を、友好裏に賢明な結果をもたらすこととします。人間は感情の動物であり、ときには感情が理性を狂わせます。そのため、人間と両者の問題を切り離すことです。人には柔軟に対応するが、問題には強硬であることを把握し、関心利益に焦点を合わせることが重要です。そして、利害を探ることです。

それは、ひとつでは十分ではありません。複数、できれば五つくらいの選択肢を考え出すことです。最善を探るのではなく、可能性を探ること。そして、後でどの案が最も両者の満足感を高めるものか、を決めればいいのです。

そして、最も重要なことは、個人やお互いの組織の基準ではなく、客観的基準に基づいて意志決定をすることです。

最後に理を説き、理には耳を傾け、圧力ではなく原則に合わせることです。

この戦術を実行すれば、賢明な合意形成が可能になります。

❷ 依存度を見抜かれない

交渉とは、現実と理想のギャップを埋める作業です。つまり、理想は目標であり、その成果に依存します。これは、ごく当たり前のことです。

しかし、交渉の場において相手に依存度を見抜かれては、不利になる可能性があります。要は、交渉相手から、ほしがっていると見抜かれないようにしなければならないのです。

ところが、多くの交渉者を見ていると、見事なまでに相手から依存度を見抜かれています。というより、自分から依存度を相手に伝えているのです。プロの交渉人であれば、まったくあり得ないことです。

私の友人が、海外赴任が決まったために愛車を手放すことにしました。10年は日本に戻らないため、彼は、家具をすべて売り払い、愛車も手放すことにしたのです。

そこで友人は、車買取り業者を呼びました。通常なら、数社呼んで一番高い業者に決めるところを、海外赴任まであまり時間がなかったため、インターネットで一社だけを選びました。

彼は、海外赴任のために車を手放さなければならないこと。そして、海外赴任まであまり時間がなくて急いでいること。さらに、インターネットで印象がよかった一社だけを選んだことを、相手（業者）に伝えたのです。友人は、正直に自分の事情を話せば、相手は誠意を持って対応してくれるだろうと思ったのです。

彼は内心、「250万円で買ってくれるなら満足だ」と思っていました。

業者がやって来ました。

業者は、挨拶も早々に査定させていただきますと言うと、査定シートを持って車のチェックをはじめました。

そしておもむろに、少し渋い顔をして、状態は悪くないしきれいに乗っておられる。ただ、この車種は最近人気が落ちていまして……と言いました。

「お客様は、いくらでお売りになりたいのですか?」と、業者は友人にたずねました。そこで友人は、自分の望む「250万円以下では手放したくない」と強気に出ました。

私であれば、250万円で売りたいのであれば、280万円とか、素人であることを利用して、300万円で売りたいと言ったはずです。

つまり、250万円で売りたいのであれば、最初から250万円と言うと譲歩幅がないことになり、相手に立場主張型の人間だと思われ、最初から人間関係がうまくいかなくなる可能性があります。さて話を戻しましょう。

業者は、言いました。

「私どもの査定では230万円です。(私が後日調査したところ、友人の車の平均買取額は260万円だった)」

業者は続けます。

「ところで、見積りは弊社だけと仰いました。それは本当ですか。もしそうであれば、今決めていただけるのであれば、お客様のご希望に思い切り近づけますよ」

友人は、業者が譲歩すると言うので少し気分がよくなったようです。

そこで友人は、いくらで買い取ってくれるのかをたずねました。業者は、何度も電卓を叩いて241万円を提示しました。

「正式な査定では230万円です。これは、決して他社には負けない査定額だという自信があります。そして、お客様のご希望の売値は250万円ですね。その差は20万円です。お客様は『ご希望』で250万円。私どもは、自社の『基準』できちんと査定させていただき、230万円と評価しました。もし買い取らせていただいても、しばらくはお客様が付かない可能性が高いのですが、インターネットで弊社だけを選んでいただいたこと、海外赴任まであまりお時間がないこと、そしてお車を大切にされる人だということで、こちらとしても誠意をもって、正規査定よりも11万円上乗せさせていただきます。ただし、今ご決断いただけるのであればですが。いかがなさいますか？　もし、ご決断いただけるのであれば、すぐに会社の上司を説得しますよ」

友人は、希望との差額が9万円であることに内心満足しましたが、しかし他の業者にも査定をお願いしたほうがいいと思いはじめ、明日の夜まで待ってもらえないかと伝えたのです。

業者は、「そうですか。では、残念ですが話を元に戻させていただき、230万円ということでご検討ください」と言いながら、ゆっくりと査定表と電卓そしてペンを片づけはじめました。友人は、あと数万円あげてもらえないか、と業者に話しかけました。

ところが業者は、「お客様、私、会社をクビになっちゃいますよ」と笑ってみせました。そして友人は、結局241万円で愛車を売り渡したのです。友人は満足していましたが、はたして友人は得をしたのでしょうか、それとも損をしたのでしょうか？

この交渉の問題は、自分の立場と依存度を、業者にバカ正直に伝えてしまったことです（海外赴任まで時間がなく急いでいること、インターネットで1社だけ選んだこと。車を手放さなければならないこと、さらに希望の売渡し価格を言ったこと）。

つまり、売らなければならない事情と、いくらであれば売りたいという本心を伝えてしまったのです。

私たちは交渉の現場で、相手の事情や相手の交渉可能領域（最低でも○○、□□だと最高）を探るのが大きなテーマであり、その情報を手に入れることができるかどうか、が交渉を成功させるかどうかの鍵になるのです。

ところが、友人はその両方を相手に伝えてしまいました。彼は、相手を信頼してすべてを打ち明けることで、相手は自分のことを理解していい対応をしてくれるだろうと考えたのです。

交渉で負けないためには、依存度を相手に見抜かれない（伝えるのは問題外）、そして、自分から「□□であれば最高」を見抜かれない（伝えるのは問題外）ことです。

❸ 徹底的に準備する

スポーツでも、仕事でも、何かの発表会でも、準備が大切であることは説明を必要としません。いずれについても、綿密な準備が成功の条件となります。

前項の友人が愛車を売る交渉においては、彼は何も準備をしていませんでした。もし私なら、かなりの時間をかけて準備をします。

スポーツでも音楽でも、上級者になるほど準備に余念がありません。ビジネスプレゼンテーションにおいても、できる人ほど準備を怠りません。

これを逆に考えると、準備をするからうまくいくということになります。

交渉は、人間と人間がするものです。人間は、あるときには理性的に、そしてあるときは感情的になり、情緒的にもなります。言ってみれば、交渉は〝台本のない物語〟と言えるでしょう。つまり交渉は、進行に合わせてその場で台本を作っていかなければならないのです。そうしなければ、準備のしようがない、と読者は思われるかもしれません。

しかし、だからこそ仮説を立てて、いくつものストーリーを、事前に描いておくことが必要なのです。もしあなたが、交渉中に相手の考え方や要求に「えっ！」と思うようなことがあれば、準備不足だと考えるべきです。

サッカーでは、あらゆる可能性を考えて、仮説を立てて準備（練習）をします。事前に、相手の行動がわかっていれば負けないからです。

交渉に負けないためにも、しっかりと準備をしておきましょう。

3章で準備についてご紹介しましたが、交渉に負けないためのテクニックとして、ここで再度取り上げたいと思います。プロなら、誰でもやっている準備ですが、プロでない交渉者こそ、準備が必要なのです。

まずは、交渉するために必要な情報を集めましょう。では、どのような情報を集めなければならないのでしょうか？

それは、相手とのパワーバランスを把握するための情報です。一般的に、パワーバランスによって交渉が決まるとまで言われているほど重要な要素です。

相手の社会的地位、職業、専門知識、プレゼンテーション力、経済力、政治力、組織規模、市場占有率、財務、商品競争力等の固有の力や同業他社の存在、交渉課題についての依存度などを事前に知っておくことは、交渉に臨む以上、絶対に必要な条件となります。

もし、パワーバランス分析の結果、こちらが不利であると判断したなら、やるべきことは、ポジショニングです。交渉相手との力関係を変えるための方法のことです。交渉当事者の固有の力、相手への依存度、そして第三者の力の三つのうち、たとえひとつでも変われば、パワーバランスは変わるのです。

たとえば、相手に影響力のある第三者の支援を受ければ、パワーバランスを変えることができるのです。第三者とは、個人だけを指すのではなく、社会、マスコミ、官庁、法律、公的基準、諸団体基準なども含まれます。

パワーバランスが不利な状況がわかっていれば、交渉の源泉である相手の固有の力、依存度、第三者の力などを使って、パワーバランスを変えるポジショニングを準備しましょう。

次に準備しておきたいことは、初期要求値です。私は、戦術として初期要求値（ファーストオファー）を自分から提示することはしません。しかし、準備はしています。たとえば物の値段であれば、いくらから交渉をスタートさせるか、が重要です。

そして、最低でも「これ」を準備（決めて）しています。さらに、最低の線で相手が合意しないときのために、ＢＡＴＮＡを準備します。

そして、次にやることはシナリオづくりです。シナリオは、準備したことがすべて網羅されている必要があるため、綿密に作り上げましょう。

最後は、そのシナリオを交渉開始直前（交渉の部屋に入る少し前）から交渉終結までの流れとしてイメージしましょう。イメージの仕方は、視覚・聴覚・体感覚を使って創り上げるのです。これを、何度も何度もやってみるのです。

組織を代表して交渉をするのであれば、関係者にお願いして、ロールプレイングをやるのがいいでしょう。自分では気がつかなかったことを、指摘してもらえることもあるでしょう。

交渉に負けないためには、準備が必要です。「交渉は、相手がどう出てくるかわからないから準備など無駄」と言いきる人ほど交渉に負けてしまうものです。そして、相手が悪い、もともと相手が有利だったなどと考えて、自分自身を納得させます。つまり、何度交渉を経験しても「何も学ばない」のです。

3章7項のクリティカル・パスの話の中でも述べましたが、交渉の準備をまとめると、次のようになります。

①交渉材料の収集と分析
②パワーバランスの把握
③交渉目標（これなら最高、最低でもこれ）と譲歩限界の設定
④交渉シナリオの策定とＢＡＴＮＡの準備

⑤ポジショニング
⑥初期要求値の決定
⑦ロールプレイング

❹ 負けない基本戦略を立てる

ソフト型交渉でもなくハード型交渉でもなく、またその中間型交渉でもなく、原則立脚型交渉の戦略をとることが、交渉に負けない唯一の方法です。これに加えて、分配型交渉（ひとつのパイを奪い合うゼロサム交渉）ではなく、統合型交渉でパイを大きくします。

分配型交渉では、力の強い者が勝つ傾向があります。歴史上の紛争・戦争は、すべて分配型交渉で立場を強硬に主張し、パイの奪い合いを行なった結果です。

国と国の戦争でなくても、プライベートやビジネスにおいても、同様のことが日々行なわれています。もはや、人間の知的相互作用による共存共栄の社会づくりとはほど遠い状態なのです。

すでに、原則立脚型交渉については述べてきましたが、あなたが交渉に負けないためにもう一度、その戦略と戦術について考えてみましょう。

戦略は、強硬に立場を押し通すのではなく、立場の背後にある願望や関心事に焦点を当て、問題解決者として現実と理想のギャップを埋める選択肢を創造し、お互いの利益を調整して対立を解消します。

そして戦術は、交渉担当者（人間）と問題を分けて対応します。人には優しく、課題や問題には毅然とした態度で強硬に、ということです。

次に、問題解決のための選択肢を複数創造します。人は、選択肢を考えることにほとんど意識を向けません。それは、自分の提案がすべてだと考えているからです。

交渉は、双方が行なうものです。だとすれば、双方にとっていいように考えて行動するべきです。つまり〝全体最適〟です。人は全体最適を望みながらも、行動は個人最適の行動をとりがちです。

ここで思い出していただきたいのが、前述した「囚人のジレンマ」です。自分と共犯者双方にとって望ましい選択肢は黙秘することでしたが、自分にとって一番よい選択、つまり個人最適の行動をとりました。

人は全体最適がよいとわかっていても、行動は個人最適をとるのです。

平和を考えるとき、すべての国が核兵器を持たないほうが平和を維持できるにもかかわらず、相手国が裏切って核兵器を持つかもしれないと考え、結局双方が核兵器を持つことになります。

自分の提案がすべてだと思わず、賢明な選択肢をいくつか考えることが重要なのです。相手はどうであれ、あなたは選択肢を考えてください。

最後に、利害の対立が起こったら、客観的基準を主張しましょう。とくに、パワーバランスが不利な状況においては、相手の圧力に屈することなく、公正で科学的な基準を用いることが、パワーバランスを改善することになります。

そうすることで、双方にとって賢明な結果を実現することができるのです。さらに、交渉後の人間関係も良好になるでしょう。間違っても、支配隷属の関係になることはないでしょう。

交渉において、最も重視されなければならないものは「公平性」です。

負けない基本戦略と戦術についての理解を深めて実践すれば、あなたは交渉で負けることはないのです。

❺ 交渉に負けない三つの術

交渉に負けないために、ぜひやっていただきたいことが三つあります。

まずひとつ目は、質問力をつけることです。私たちは、心の中にあることを相手に伝えるとき、それをそのまま言語化しているわけではありません。心で思っていることや考えていることを伝えるとき、自分の価値観や信念を通して内容を調整して、それを言語化しているのです。

調整とは、具体的には一般化、省略、歪曲の三つです。一般化とは、決めつけや制限を設けることです。

たとえば、相手が「私にはできません」「私には難しすぎます」と言ったとき、あなたならどのように対応するでしょうか。「いいえ、あなたにはできるはずです」、あるいは「がんばってください」でしょうか。

私なら、こう質問します。

「もしできたら、どのようなことが起こりますか」「もしできたら、どんな感じがしますか」「もしできたら、あなたやあなたのまわりでどんな変化が起こりますか」「それができるためには、何が必要ですか」「何があなたを止めていますか」

これらの質問により、一般化される前の状態を確認することができるのです。

もし相手が、「その考えには全員が反対している」と言ったら、このように質問するといいでしょう。

「反対していない人はゼロですか?」「反対しているのは、具体的に誰ですか?」

人は、多くのことを一般化する傾向があり、10人中6人が反対しているときに、「全員が反対している」と表現する傾向があります。とくに政治家は、この一般化が得意なようです。

野党が与党に対して、「与党のやり方を、国民すべてが反対している」と言ったりします。しかし、本当は全員ではありません。マスコミも同様に、ごく一部の人たちしか使っていないものを、「みんなが使っている」、あるいは「流行っている」などと伝えます。これらも事実ではありません。

二つ目は、譲歩幅です。

交渉は、お互いの要求と譲歩を繰り返し、合意を形成するものです。つまり、譲歩幅がなく、立場を強硬に押し通すのであれば、それはもはや交渉ではありません。

「自分がどうしたいか」だけでなく、「相手がどうしたいか」だけでもなく、**双方にとっていいように考えて行動するプロセスが交渉**なのです。

まず、要求に対してどこまで譲歩してもいいのか、をあらかじめ決めておくことが重要です。たとえば、あなたが土地を売る場合、「最低でも1億円で売りたい。1億2000万円で売れれば最高」といった幅です。この2000万円（1億2000万円－1億円＝2000万円）が譲歩の幅になります。

しかし実際には、交渉は少し上乗せして1億5000万円からスタートするでしょう。するとこの場合、実際の譲歩幅は、1億から1億5000万円の間の5000万円になります。

このような幅を、交渉の前にしっかりと決めておくことが肝要です。決めるにあたっては、慎重な検討が必要になります。

三つ目は保有効果です。保有効果とは、自分が保有するものに高い価値を感じ、手放したくないと感じることです。その原因は「損失回避」です。

人は、一度自分のものになると、そのものに対して新たな価値を加える性質があり、そして手放したくなくなるのです。

知ってか知らずか、通信販売はこの手法をよく使っています。

「とにかく、一度使ってみてください。もし、お気に召さなければ1週間以内にご返品ください。料金は全額返金いたします」などです。とくに不満があれば別ですが、ほとんどの人は返品することはありません。つまり、一度自分のものになったら、手放したくないと思ってしまうのです。

あなたは、不要になった電機製品や本、使っていないパソコン、もう5年以上着ていない洋服やカバンなどに、家の多くのスペースをとられているのではないでしょうか。これも保有効果です。

交渉において、こちらの譲歩は、相手にとっては手に入れた、つまり保有したものなのです。保有効果からすると、一度手に入れたものには新たな価値を加えてしまうため、手放したくないと感じるのです。

ある時計の買い取り業者の交渉例です。お客様は30万円で売りたい。一方、買い取り業者は25万円で買いたいと考えています。

この買い取り業者は、交渉の途中で「もし、25万円でお売りいただけるのであれば、現金をすぐにお持ちかえりいただくことができます」と言って、現金25万円をお客様の目の前に置きます。

するとお客様は、まだ25万円を保有していませんが、保有感を感じてしまい、その25万円を手放したくなるのです。そしてその結果、25万円で交渉成立となるのです。

この保有効果は、双方が使うことができるため、自分は使っても、相手に使われないように注意してください。

❻ BATNAを最低三つは持っておく

交渉の準備のひとつに、BATNAがあります。交渉が決裂したときの対処の策として、最もよい案という意味になります。

交渉は、何のために行なうのでしょうか。交渉する前より、交渉したほうがより大きな利益が期待できるからです。

しかし、BATNAを準備していないと、交渉が難航しているとき、どのような状態（合意案）であれば合意する、あるいは交渉から降りるべきなのか、がわからなくなります。

多くの交渉者が、自分の要求「最悪でも○○」が満たされない場合、交渉から降りるべきなのですが、今までの努力を無駄にしたくないため、そのままズルズルと交渉を続けてしまうのです。

理性的には、交渉から降りるべきなのですが、交渉を続けさせる〝何か〟が存在するのです。

それは、「時間と成果に関する期待の感情」です。

理屈では、自分が望む要求の最低線が満たされない場合には、交渉を中止するべきだとわかっているのに、「交渉（準備を含む）に費やした時間と労力を無駄にしたくない」という心理が働くのです。

たとえば、あなたが車を買うためにディーラーを訪れたとしましょう。そして、営業マンがあなたに「展示車を特別価格でお譲りします」と話を持ちかけてきたとします。

「この車の正規金額は400万円ですが、店内で3ヶ月展示をしていたので、350万円にさせていただきます」と営業マンは言います。

あなたの新車購入予算は、上限300万円だとします。しかし、営業マンが勧める車は、当初予算から考えていた車種よりワンランク上の車種で、自分にはとうてい手が届かない車だと思っていました。

あなたは、営業マンに2時間に渡って交渉をしましたが、結果は「オイル交換1回分を無料にしてくれる」という譲歩を得ただけで、350万円という価格は動くことはありませんでした。あなたは、「検討します」と告げてショールームを後にしました。

しかしあなたは、ショールームを出てからもその車のことが頭から離れません。実は、「いつかは、あんな車に乗れたらいいな」と思っていた車だったからです。

その後、家に帰ってからインターネットでその車の評判をチェックしたり、友人に、買うかどうかを検討中であることを話しました。

数日後、再びそのショールームを訪れると、あの営業マンが他のお客さんに、同じように「350万円でいかがですか?」と勧めていました。

それを見たあなたは、思わずその営業マンに「350万円でお願いします」と言ってしまったのです。この決断には、いくつかの心理的要素が重なっています。

そのひとつは、保有効果(損失回避)です。そしてもうひとつ、自分が交渉やその他の検討のためにかけた時間や労力が影響しているのです。

人は誰でも、自分が使った時間や労力を無駄にしたくないと感じます。350万円でこの車を買うことが、正しい意志決定かどうかは問いません。

一方、あなたが要求した300万円は、まったく受け入れられなかったのは事実です。しかし、相手の条件には合意したのです。保有効果や、「自分が費した時間や労力を無駄にしたくない」という感情から、交渉では何も得ていないにもかかわらず合意しているのです。交渉の視点からすると完敗です。

もし、あなたが家電量販店で何かを値切りたいのであれば、いきなり最後通告のように、「いくらにしてください」と言ったらどうでしょう。店員に、ひと言で「無理です」と言われてしまうはずです。

じっくりと、店員に対して要求と譲歩を繰り返して選択肢を考えながら、かなりの時間を費してみるのです。すると店員は、多くの時間と労力を費すことになるわけですから、多少の譲歩しても契約を成立させたいと思うはずです。

つまり、交渉相手に時間と労力を使わせることによって、相手の譲歩が得やすくなるのです。

しかし、原則は譲歩幅を準備し、その幅を下回った場合には交渉を止める基準を持っておくべきです。その基準となるのがＢＡＴＮＡです。

これがあることで、余裕をもって交渉ができるようになり、間違っても、後から後悔するような意志決定（同意）をする危険を回避することができるのです。

❼より望ましい解決策を導き出す思考法

交渉には、論理的に話を展開する能力（ロジカル・シンキング）が求められます。たとえば、あなたが会社と年俸交渉をするとします。あなたは、「10パーセントアップをお願いしたい」と要求します。当然、会社側は10パーセントアップの根拠を聞いてくるでしょう。

もし、あなたがマネージャーだとして、「私はこの１年間、１日も休まず、一所懸命がんばりました。病気で仕事を休むこともなく、部下との関係もよく、チームワークもとれています。業績は、不景気の割に前年比マイナス７パーセントに抑えることができました」と言ったらどうでしょう。

会社側はこう言うでしょう。

「一所懸命がんばるのはあたり前のことであり、部下との関係性やチームワークは、あなたが仕事で成果を上げるための条件でしょう。あなたが、会社から求められているのは成果です。成果が前年比で下がっているのに、どうして年俸を上げることになるのですか」

そして、「どうして前年比を7パーセントも下回ったのか、その理由を説明してください」とも言われるはずです。

このような場合、少なくとも、自分の主張の理由や根拠を明確にしておくことが必要です。しかし、これだけでは十分ではありません、

交渉相手、つまり会社が何をどのように主張してくるのかも想定しておかなければなりません。少なくとも、年俸10パーセントアップを要求するのであれば、その根拠を自社の実績や業界水準（基準となるような資料）で正当化することが必要です。

また、前年比7パーセントのダウンに関しては、一般論の説明ではなく、7パーセントダウンという現象の原因を分析し、少なくとも自分のマネジメント能力によるところが小さいことを説得しなければなりません。

「クリティカル・シンキング」という言葉を聞いたことがあるでしょうか。多くの人は、ロジカル・シンキングは「論理的思考」として受け入れていますが、クリティカル・シンキングは「批判的思考」として、あまりよいイメージを持たないようです。

私は、交渉においてロジカル・シンキングを用いています。しかし、これだけでは十分では

ありません。このクリティカル・シンキングは、私の交渉の大きな柱になっています。

ここで、「批判的思考」についての正しい理解をお伝えします。

「批判」という言葉は、「反対や拒否」、あるいは「受け入れない」などのイメージがあるため、批判的思考は「相手や相手の考えを受け入れない」というように受け取られる場合が少なくありません。

しかし、これは誤りです。正しくは、交渉相手の言っていることを「分析」して「吟味」し、受け入れることを意味しているのです。

クリティカル・シンキングは、交渉相手の言っていることを客観的に把握するためのプロセスなのです。「本当にそうなのだろうか?」と、疑問符を投げかけるプロセスだと理解しましょう。

さて、ロジカル・シンキングやクリティカル・シンキングの論理の展開に使われている「演繹法」と「帰納法」をご紹介しましょう。

演繹法とは、物事を考えるときに、最初の前提から次の前提を導き、さらにそれを繰り返して、最終的には必然的な結論を導き出す方法です。

簡単な例をあげておきましょう。

前提1　人間は生き物である（原則）

前提2　生き物はすべて死ぬ（事実）

ゆえに、人間はみな死ぬ（結論）

前提1　生き物はすべて死ぬ。（事実）
前提2　人間は生き物である。（原則）
ゆえに、人間はみな死ぬ（結論）
どちらでも構いません。

次に、帰納法をご紹介しましょう。
帰納法とは、いくつかの事例や事象から何らかの共通点を見つけ出して結論を推測する方法です。
たとえば、取引業者に関する情報が次のような場合、どのような結論が考えられるでしょうか。

事実1　20人をリストラした
事実2　昇給がストップしている
事実3　チラシの印刷が4色から単色になった
事実4　広告業者がキャンセルされた

事実5　財務諸表は健全である

さて、あなたはどのような結論を出したでしょうか？

これら、五つの事実から共通点を見つけ出してください。

事実1、2、3、4は、どれも「財務状態が悪い」という共通点が容易に推測できます。ところが、事実5「財務諸表は健全である」は、事実1、2、3、4とは逆の状態を示しています。

つまり取引業者は、事実1、2、3、4は財務的に問題があると結論づけることができるため、財務諸表に何らかの手を加えている可能性が考えられます。ということは、この場合「粉飾決算」が考えられます。

先に述べた通り、帰納法は結論を推測する方法です。そして事実と事実をつなぎ合わせるプロセスが主観的であることが、帰納法の弱点と言えます。

たとえば、20人のリストラはもともと余剰人員だったかもしれません。また、昇給がストップしているのは、同業他社に比べて人件費が高く設定されていたからかもしれません。チラシの減色は、単に経費削減策かもしれない。広告業者がキャンセルされたのは、企画自体に問題があったのかもしれません。

そして、これらの対策を講じる会社だからこそ、財務諸表が健全なのかもしれない、と考えることもできます。

では、どうするのか？

帰納法から推測した結論を、今度は演繹法で検討してみるのです。そして、因果関係が成立するか、を見るのです。

私は、演繹法と帰納法をセットで使っています。

また、注意点としては、演繹法にしても帰納法にしても、推測の域を出ないものだということを前提に使うようにしてください。しかし、実際の交渉場面で、望ましい解決策を導き出すために仮説を立てるのには、十分すぎるほど役に立つはずです。

⑧ 説得テクニックと環境要因を利用する

そもそも、説得とは何でしょうか？　説得とは、「相手の同意や納得を得て、相手の行動を変える意志決定を促すこと」と定義しましょう。したがって、相手の意思を尊重することを忘れた段階で、説得ではなく強制となります。

しかし、プライベートにおいてもビジネスにおいても、説得はしばしば、「強いる」行為になっています。この場合の双方の関係は、ｗｉｎ－ｗｉｎの関係とは呼べません。

交渉の中で相手を説得するには、相手が必要とする情報を用意し、それを説明する必要があります。説得は、相手の同意や納得を得なければなりません。しかしその前に、相手には「説得されてもいい」と思ってもらう必要があります。

一般的に、人は同じ要求（内容）でも、相手（人）によって受け入れる場合もあれば拒否することもあります。では、その違いはどこにあるのでしょうか。

それは、相手の人間的側面です。人の説得を受け入れるとは、「その説得者を信頼する」ことを意味しているのです。

そうであれば、信頼とは何かを考えなければなりません。信頼には、二つの条件としての要素があります。ひとつは人間性です。そしてもうひとつは、知識と技術です。この二つが必要条件です。つまり､説得とは相手との信頼関係の上に成り立つものです。信頼関係がなければ、何を言っても受け取ってもらえないことになります。

一方、3章では、ソフト型交渉では、相手を信頼する。ハード型交渉では、相手を疑う。そして原則立脚型では、信頼する・しないとは無関係に進行する、と述べました。

もし、信頼に関してあなたが矛盾を感じているなら、このように理解してください。

信頼とは期待をすることであり、交渉の進行中に、前提として相手を信頼すると裏切られることもあります。そのため交渉は、信頼する・しないとは無関係に進めなければなりません。

しかし、相手に自分の話を受け入れてもらうには、「自分が信頼に値する人間だと相手に思ってもらう必要がある」ということです。

次に、相手にどのように影響を与えるのか、説得力のメカニズム（構造）を見てみましょう。「刺激(言語)↓知覚↓価値↓内的表象↓感情(内的状態)↓意味づけ↓動機づけ↓行動↓結果」もう少しくわしく表現すると、次のようになります。

「刺激としての言語・非言語を相手に送り↓相手は五感情報として知覚する↓情報を個人的価値で調整する（一般化・省略・歪曲）↓五感情報を内的表象する↓内的表象に似た過去の感情を感じる↓新しい体験として意味づけをする↓肯定的、あるいは否定的動機づけが起こる↓行動する↓結果や変化が生まれる」

言語や非言語を使って、相手に想いや考え、そして情報を送り、相手がそれを受け取るときにありのままを受け取るのではなく、「心のメガネ」と言われる、固有の価値観で調整されて受け取られるのです。この価値観は、個人個人によって異なります。

なぜなら、価値観は人が過去に体験した事柄によるからです。しかし、共通するものもあります。

一般的な傾向として、相手が社会的地位を持っていると信頼されやすくなります。職業においても、医者や弁護士、大学の教授などはその典型です。教育レベルや財もまた、信頼に影響力を与えます。交渉において信頼を得るには、意識的に実績や専門性、そして人間性について、相手を引きつけるメッセージを送りましょう。

次に、環境要因について見てみましょう。交渉は、パワーバランスによって決まると言われています。すると、「力のない者は負ける」ということになってしまいます。

それでは面白くありません。交渉には、三つの源泉があります。

①交渉当事者の固有の力
②交渉相手への依存度
③環境要因（第三者の力）

③の環境要因(第三者の力)をうまく使えば、蟻が像を倒すことも可能になる場合があります。

もし、あなたがパワーバランスにおいて弱い立場にいるなら、第三者の力を手に入れることを考えてください。第三者とは、世論、社会、官庁、専門機関、法律、公的基準、団体の基準、各種団体、見識者、権力者などです。

●著者略歴

向井　一男（むかい　かずお）

(株)オーケストレーション代表取締役

1976年近畿大学理工学部建築学科卒。米国出版大手 Macmillan Publishers Limited のグループ会社、The Berlitz Schools of Languages Inc. 日本支社にて、営業統括本部長、経営企画室室長などを歴任。外資で徹底的に学んだ交渉術と問題解決力「論理思考（ロジカル&クリティカルシンキング）、戦略ビジネスフレーム、異文化コミュニケーション、コーチング」、さらにドラッカーマネジメントの研究をベースに、独自のコンサルティング・メソッドを開発。その後，米国の教育教材開発会社 Learning Technologies Ltd. 日本支社、World Family K.K にて新規事業開発、教育事業本部長を歴任。Dr. Gregory Bateson の学習と変化をテーマに、教育トレーナー開発トレーニングプログラムを開発。現在は、人材開発コンサルタントの傍ら、経営管理者を対象に「交渉術、問題解決、ドラッカー、人材開発、リーダーシップ・チームビルディング」等の公開セミナーおよび講演活動を実施している。２００１年、ビッグツリーコンサルティング主宰、２０１０年、(株)オーケストレーション設立。

負けない交渉術　6つのルール

平成24年3月23日　初版発行

著　　者 ―――― 向井　一男
発 行 者 ―――― 中島治久
発 行 所 ―――― 同文舘出版株式会社
東京都千代田区神田神保町 1-41 〒 101-0051
営業 03（3294）1801　編集 03（3294）1802
振替 001000-8-42935　http://www.dobunkan.co.jp

ISBN978-4-495-59741-2
印刷／製本：萩原印刷
Printed in Japan 2012